DR. MED. FRANK R. SCHWEBKE

Der Weg zum Superhirn

Schlauer, schneller, kreativer

- ➤ So steigern Sie Ihre Intelligenz und Kreativität
- ➤ So bleiben Sie geistig jung und fit
- ➤ Gedächtnistraining – 66 clevere Quizfragen

Inhalt

PRAXIS

Ein Wort zuvor

Ein kluger Kopf ist begehrter denn je. Intelligenz gilt als Statussymbol. Sogar Hollywoodstars wie Sharon Stone und Jodie Foster geben publikumswirksam ihren (natürlich hohen) IQ bekannt.

Wollen auch Sie zu mentaler Topform auflaufen? Dieses Buch zeigt Ihnen, wie einfach das geht – und wie viel Spaß es machen kann. Mit drei einfachen Methoden können Sie Ihre geistigen Ressourcen voll ausschöpfen.

Erstens: Denken Sie sich klug! Denn der menschliche Geist reagiert wie ein Muskel. Nur wenn man ihn trainiert, bleibt er fit. Dazu müssen Sie keine Zahlenkolonnen auswendig lernen. Dieses Buch zeigt Ihnen einen ganz anderen Weg des Gedächtnistrainings, der außerdem auch Spaß macht: Überraschen und verblüffen Sie Ihren Kopf. Tauchen Sie Ihren Arbeitsplatz mit einem kleinen Trick in bunte Farben, dirigieren Sie wie ein Maestro eine Symphonie, genießen Sie mit Ihrem Partner ein erotisches Blind Dinner. Dann baut Ihr Gehirn, angeheizt durch die ungewöhnlichen Sinnesreize, neue Datenautobahnen im Kopf. Ganz automatisch. Und die lassen Ideen sprudeln und Geistesblitze funken.

Zweitens: Essen Sie sich clever! Der Hochleistungs-Computer im Kopf braucht genau die richtige Mischung aus Powerstoffen, um optimal zu arbeiten. Dieses Buch zeigt Ihnen, wie Sie sich in geistige Hochform schlemmen können.

Drittens: Sporteln Sie sich schlau! Ob Sie Tango tanzen, mit Bällen jonglieren oder der fliegenden Frisbee-Scheibe hinterherhechten – Sie schalten Ihre grauen Zellen damit in den Turbogang.

Und last but not least: Befreien Sie Ihren Kopf von Gedankenmüll. Lassen Sie sich nicht überschwemmen von der täglichen Informationsflut, sondern steuern Sie mit der »Detox your mind«-Methode aktiv gegen. Sie werden spüren: Ihre Psyche lädt sich mit frischer Energie auf, die Gedanken werden kristallklar, Sie sprühen vor Lebenslust.

So sind Sie auf dem besten Weg, künftig in allen Lebenssituationen mental Sieger zu bleiben.

Dr. med. Frank R. Schwebke

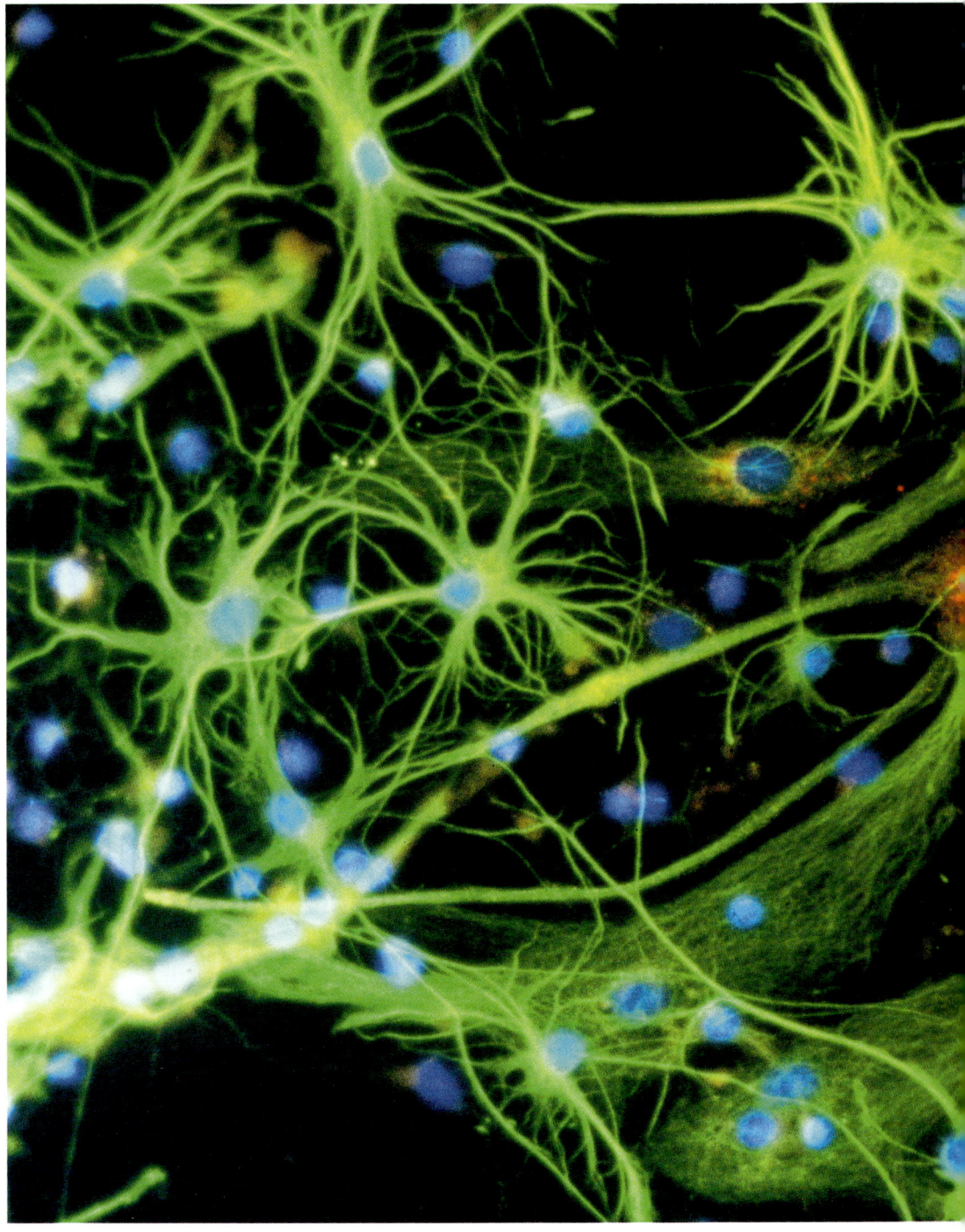

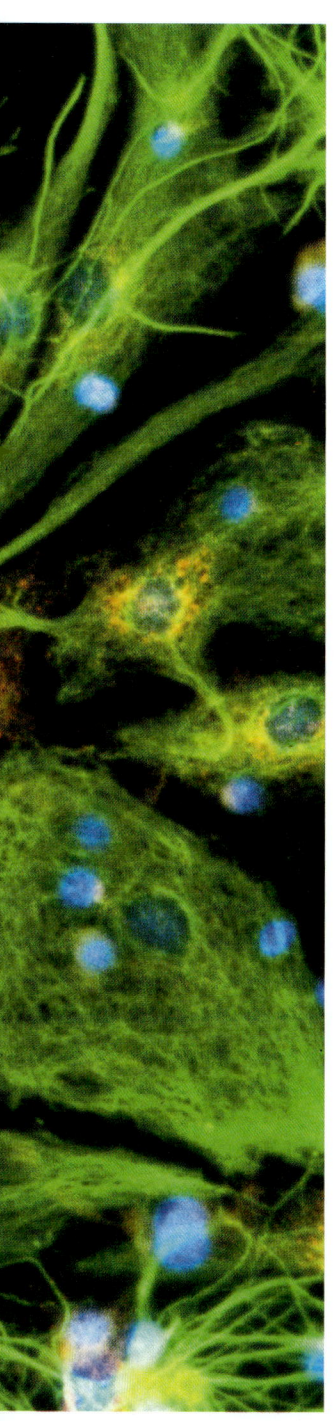

So funkt es im Kopf

In unserem Kopf passiert Unglaubliches: Die 100 Milliarden Nervenzellen des Gehirns arbeiten Tag und Nacht auf Hochtouren. Mit größter Präzision schießen sie elektrische Signale ab und transportieren so in Millisekunden gigantische Informationsmengen. Dies lässt Ideen sprudeln, Pläne reifen, Gefühle das Herz berühren. Ob wir lachen oder weinen, lieben oder hassen: Alles entscheidet sich im Kopf. Forscher sind heute dem Mysterium des menschlichen Geistes hautnah auf der Spur. Sie haben entschlüsselt, wie sich Gedanken formen, Emotionen entstehen, Erinnerungen sich bilden. Und sie sagen uns: Ob unser Gehirn topfit ist und hundert Jahre jung bleibt, das liegt in unserer Hand.

Faszination Gehirn

Showmaster Günther Jauch ist der Publikumsmagnet des deutschen Fernsehens. Mit seiner Quizshow »Wer wird Millionär?« lockt er zehn Millionen Zuschauer vor den Bildschirm. Wenn er die Millionen-Frage stellt, halten sie den Atem an – und fragen sich danach: Hätte ich das auch gewusst? Wie kann ich meinen Geist in Topform bringen? Megawissen und -intelligenz sind das neue Traumziel. Köpfchen ist Kult. Doch das Gehirn ist nicht nur der Pool unseres Know-how und Sitz der Ideen – alles entscheidet sich hier: Ob wir lachen oder weinen, zornig oder glücklich sind, siegen oder verlieren. Das Drama des Lebens spielt im Kopf. Die oberste Kommandozentrale ist ein Wunderwerk, das jeden noch so hoch entwickelten Computer in den Schatten stellt.

Das Gehirn leistet mehr als jeder Computer.

Atemberaubende Forschung

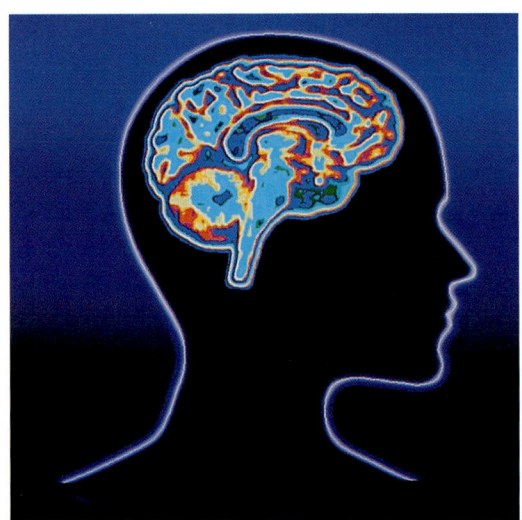

Mit rasanter Geschwindigkeit entschlüsselt die moderne Neurobiologie die Geheimnisse des Gehirns. Was vor einer Dekade noch Utopie schien, ist heute Realität. Die Hirnforscher können ganz unglaubliche Fragen beantworten: Was passiert im Kopf, wenn wir an einer Rose riechen, wütend die Faust ballen oder fröhlich lachen? Welche Moleküle rasen in Höchstgeschwindigkeit durch unser Gehirn, wenn wir denken oder fühlen? Welche Signalstoffe machen uns froh oder lassen uns verzweifeln? Wie arbeitet das Gedächtnis, und wie beeinflussen Emotionen die Erinnerung? Nie zuvor konnten Forscher das Wunderwerk in unserem Kopf wissenschaftlich so genau erklären.

Kampf der Champions: Mensch gegen Maschine

Im Mai 1997 stieg der Superfight: Schachweltmeister Garri Kasparow trat in sechs Partien gegen IBM-Schachcomputer »Deep Blue« an – und verlor ... Doch Hirnforscher haben berechnet: »Deep Blue« ist nicht einmal intelligent; denn Intelligenz ist die Fähigkeit, auf neue Situationen zu reagieren, daraus Schlüsse zu ziehen und diese umzusetzen. Hätte man dem künstlichen Superhirn auch nur zwei zusätzliche Aufgaben gestellt – etwa einen Schritt in eine Richtung seiner Wahl zu gehen und sich dabei die Metallnase zu putzen – hätte er sich zu Tode gerechnet oder wäre schlicht abgestürzt.

Klare Botschaften

Doch so komplex die Ergebnisse der Hirnforschung sind – die sich daraus ergebenden Botschaften sind einfach und klar ablesbar. Die fünf wichtigsten lauten:

Fünf klare Botschaften

▶ **Denken Sie sich klug**

Sie wollen glasklar denken, sich auf den Punkt genau konzentrieren, schlagkräftig argumentieren? Kein Problem! Denn so komplex die Mechanismen auch sind, mit denen das Gehirn Nachrichten von Nervenzelle zu Nervenzelle katapultiert, elektrische Impulse produziert oder Botenstoffe ausschüttet: Der Motor des Ganzen funktioniert sehr einfach. Die zentrale Antriebskraft heißt Aktivität. Denksport, Tüfteln, Hobbys und überraschende Sinneserfahrungen halten unser Gehirn lebendig.

▶ **Denken Sie sich jung**

Sie wollen in jedem Lebensalter mental topfit sein, intellektuell leistungsfähig und kreativ? – Denken Sie sich einfach jung! Denn über geistige Fitness entscheidet die Anzahl der Nervenverbindungen (Synapsen) im Gehirn. Der neue Weg zu einem Kopf voller brillant kommunizierender Synapsen heißt »multisensorisches Training«. Einfach ausgedrückt bedeutet dies: Bieten Sie Ihren Sinnesorganen ständig neue Eindrücke. Deshalb: Trainieren Sie sich, Ihr Gehirn systematisch zu überraschen. So kurbeln Sie die Synapsenbildung im Kopf gezielt an (s. »Neurobics – die neue Dimension«, S. 65).

Spannung hält den Geist topfit

Wenn Sie Ihr Gehirn in Schwung halten, können Sie selbst im hohen Alter noch achtundneunzig Prozent Ihrer Nervenzellen haben und doppelt so viele Synapsen wie ein untrainierter Dreißigjähriger.

► **Sporteln Sie sich clever**

Besonders wirkungsvoll beschleunigen Sie Ihr Fitnessprogramm für graue Zellen durch Bewegung. Ob Jogging, Walking oder lockeres Genießertennis – bei all diesen Aktivitäten fließt frischer Sauerstoff durch Ihr Oberstübchen, macht die Hirnzellen fit, liefert ihnen Treibstoff und entsorgt Gedankenmüll. Einen extra Fitnessfaktor fürs Gehirn bringen Ihnen alle Sportarten, die zugleich gut abgestimmte Bewegung, Gleichgewichtssinn und kleinste Muskeln trainieren, wie etwa Frisbee, Tischtennis oder Trampolin springen. Mehr darüber ab Seite 96.

► **Spielen Sie sich kreativ**

Kreativität ist keine Zauberei. Die Fähigkeit, quer zu denken und ungewöhnliche Problemlösungen zu finden, können Sie einüben. Diese geniale Eigenschaft des Gehirns, sich der jeweiligen Anforderung anzupassen, nennt man Plastizität.

Ein Königsweg, kreativer zu denken, besteht im Musizieren. Wer Geige spielt, dessen Gehirn ist darauf trainiert, die Finger rasch zu koordinieren, sensibel auf akustische Signale zu lauschen und beides aufeinander abzustimmen. Auf diese Weise schwingt man sich auf geistige Rekordhöhe, denn es vernetzen sich Hirnareale, die sonst nur eingeschränkt miteinander kommunizieren. Doch man muss nicht Anne-Sophie Mutter heißen. Es gibt neu entwickelte Übungen fürs Gehirn, die spielerisch Geist und Emotionen fordern, die Intellekt und Gefühl anregen – und dabei auch noch riesig Spaß machen.

Sojasprossen liefern hochwertiges Eiweiß und Mineralstoffe.

► **Essen Sie sich schlau**

Damit das Gehirn zu Hochform aufläuft, braucht es den richtigen Treibstoff. Nur wenn die passenden Vitalstoffe um die Nervenzellen herumschwirren, können die Zellen sie in ihre sensible Außenhaut einbauen und damit die Signalübertragung beschleunigen. Nur wenn die richtigen Eiweiße im Gehirn kreisen, läuft die Produktion von Nervenbotenstoffen auf Hochtouren und macht uns intelligent – und glücklich. Dies sind die guten Nachrichten für potenzielle IQ-Stars. Die ernüchternde

TIPP!
Unser Gehirn funktioniert wie unsere Muskulatur: Je mehr wir uns bewegen, desto leistungsfähiger sind unsere Muskeln. Genauso ist es mit den grauen Zellen: Ein aktives Gehirn produziert in jeder Millisekunde einen gigantischen Fluss von Botenstoffen, die unserem Denkorgan neue Impulse geben, Gedanken kristallklar machen, Ideen sprudeln lassen; in jeder Sekunde sprießen neue Nervenäste, die sich mit anderen Nervenzellen verbinden und das Informationsnetz im Kopf immer dichter weben. Deshalb denken Sie sich schlau!

Meldung für geistige Couch-Potatoes – aktiv werden müssen Sie schon selbst. Jeder ist seines Geistes Schmied: Jetzt hängt alles von Ihnen ab!

Porträt eines unscheinbaren Genies

Als die ersten abendländischen Anatomen die Schädel Verstorbener öffneten, um den Sitz der Seele zu finden, waren sie schwer enttäuscht. Kokosnussgross, zerfurcht wie ein verschrumpelter Apfel und von hauchdünnen, glibbrigen Häuten überzogen: So präsentiert sich das Gehirn. Doch in diesen 1,5 Kilogramm grau schimmernder weicher Masse steckt eine unglaubliche Funktionsvielfalt: Erst das hochdifferenzierte System kommunizierender Hirnareale schafft Denken, Fühlen, Bewusstsein.

Das Großhirn

Oben thront der Chef. In zwei Hälften geteilt – die rechte und linke Hemisphäre – bedeckt das Großhirn wie ein Helm die gesamte übrige Hirnmasse. Die nur 1,5 bis 4,5 Millimeter dicke oberste Schicht des Großhirns, die graue Rinde (Cortex), umhüllt die darunter liegende weiße Marksubstanz. Der Cortex besteht ausschließlich aus Nervenzellen (Neuronen): Die Cortex-Neuronen sind die legendären grauen Zellen. Ohne sie wäre nie ein Buch geschrieben, nie ein Gemälde gemalt oder eine Symphonie komponiert worden.

Klare Arbeitsteilung im Großhirn

Das Großhirn ist in Lappen aufgeteilt, denen man aufgrund neurophysiologischer Forschung relativ klar umrissene Funktionen zuordnen kann:
▶ **Frontallappen:** Er sitzt ganz vorn hinter der Stirn, weshalb dieser Teil des Großhirns auch Stirnlappen genannt wird. Von hier gehen die

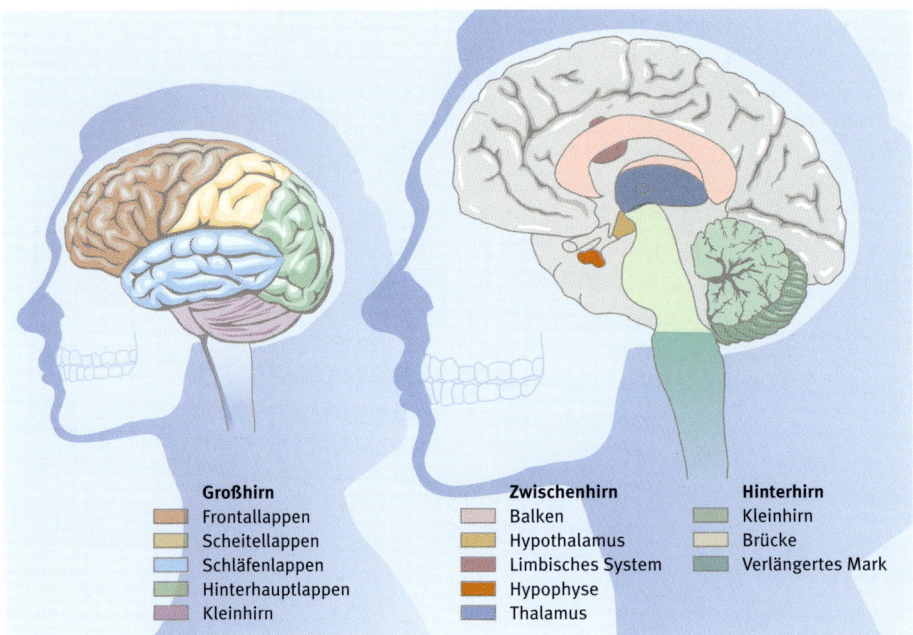

Großhirn	**Zwischenhirn**	**Hinterhirn**
Frontallappen	Balken	Kleinhirn
Scheitellappen	Hypothalamus	Brücke
Schläfenlappen	Limbisches System	Verlängertes Mark
Hinterhauptlappen	Hypophyse	
Kleinhirn	Thalamus	

Hinter der Stirn sitzt der Wille höchsten Funktionen aus: intellektuelle Planungen und Strategien, Ich-Erkenntnis und Selbstreflexion. Willen, kritisches Denken und Persönlichkeit sitzen im Frontallappen.

▶ **Scheitellappen:** Sie beschäftigen sich mit der komplexen Orientierung in Raum und Umwelt. Die beiden Scheitellappen ermöglichen aber auch Rechnen und geometrische Überlegungen.

▶ **Schläfenlappen:** Sie beherbergen die Sprache und einige Aspekte des Gedächtnisses. Außerdem kümmern sie sich darum, dass Einzelinformationen wie Klänge oder Bilder im Kopf zu einem Gesamteindruck verknüpft werden.

▶ **Hinterhauptlappen:** Dieser Großhirnbereich verarbeitet nahezu ausschließlich visuelle Informationen. Die Hinterhauptlappen machen unsere Welt plastisch, farbig und abwechslungsreich.

Das Zwischenhirn

Zwischen den beiden Großhirnhälften sitzt das Zwischenhirn. Hier sind eine Vielzahl lebenswichtiger Areale lokalisiert.

▶ **Thalamus:** Er sitzt an der Grenze von Groß- und Zwischenhirn. Der Thalamus ist sozusagen der Bühnenscheinwerfer im Kopf. Er steuert die Intensität unserer Wahrnehmungen, indem er sie in gleißendes Licht taucht oder im Halbdunkel verschwinden lässt. So schützt er das Gehirn vor Reizüberflutung.

Thalamus: »Tor zum Bewusstsein«

▶ **Hypothalamus:** Direkt unter dem Thalamus liegt der Hypothalamus. Er ist die Hormonsteuerzentrale des Körpers.

▶ **Limbisches System mit dem Mandelkern (Amygdala):** Hier befindet sich das Emotionszentrum, ohne das man weder glücklich noch traurig sein kann. Doch das Limbische System lässt uns nicht nur Gefühle erleben. Es markiert auch scheinbar gefühlsneutrale Informationen mit einem emotionalen Plus oder Minus und entscheidet mit darüber, welche Sinnesreize überhaupt ins Großhirn und damit ins Bewusstsein gelangen.

▶ **Hippocampus:** Er ist unser Gedächtnismanager. Der kluge Punktrichter der Gedanken und Gefühle hat die Gestalt eines Seepferdchens (daher der Name) und entscheidet, was im Kopf gespeichert wird. Er selbst kann zwanzig Worte pro Sekunde zwischenlagern.

Ganz unten am Boden des Zwischenhirns befindet sich die Hirnanhangdrüse, die **Hypophyse**. Sie schickt auf Befehl des Hypothalamus Steuerhormone zu den Hormondrüsen im Körper. Damit sitzt sie am Mischpult, an dem für jede Situation der richtige Hormoncocktail gemixt wird.

Das Hinterhirn

Unterhalb des Zwischenhirns breitet sich das Hinterhirn aus. Dazwischen liegt noch das nur 1,5 Zentimeter große Mittelhirn, das Seh- und Höreindrücke sammelt. Das Hinterhirn besteht aus drei Arealen.

Der ultimative Supercomputer sitzt im Kopf

Die Geschwindigkeit, mit der unsere grauen Zellen Informationen leiten, Signale senden und Daten verarbeiten, misst man in »Flops« (*floating operations per second*). In Flops kann man die schwindelerregende Rasanz der Datenverarbeitung in unserem Oberstübchen in Zahlen fassen: Ein PC der Extraklasse schafft einige Megaflops, also Millionen Flops pro Sekunde, das Gehirn rund zehn Teraflops. Das ist die unvorstellbare Zahl von zehn Millionen Millionen Daten-Operationen pro Sekunde.

So blicken Hirnforscher und Ärzte in den Kopf

- **Röntgenaufnahme des Schädels:** Dies ist die einfachste Methode. Kopf und Gehirngewebe werden mit Röntgenstrahlen durchflutet. Das Ergebnis ist ein Foto vom Gehirn in Grauschattierungen, das unter anderem Auskunft über Verletzungen des Schädels gibt.

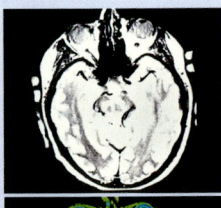

- **Computer-Tomographie (CT):** Bei der Schichtröntgenmethode verrechnet ein Computer Hunderttausende von Messwerten zu einem Bild, das unser Gehirn scheibchenweise darstellt. Mit einem CT lassen sich Verletzungen und Veränderungen des Gehirns feststellen.

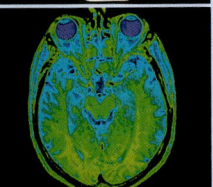

- **Kernspin-Tomographie:** Diese Methode bezeichnet man auch als Magnetresonanzimaging (MRI) oder nukleare Magnetresonanz (NMR). Die Untersucher beschallen den Kopf in einem magnetischen Feld mit Radiowellen. Dadurch bilden sich Magnetresonanzsignale, die auf einem Bildschirm sichtbar werden. Vorteil: sehr plastisches Bild vom Kopfinneren. Noch besser, wenn man ein Kontrastmittel benutzt. Mit diesem »funktionellen Kernspin« (fMRI) kann man detailgenaue, plastische »Live«-Einblicke ins Gehirn und seine gerade ablaufenden Aktivitäten bekommen.

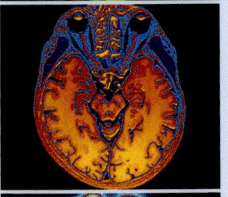

- **Positronen-Emissions-Tomographie (PET):** Im Gehirn lassen sich Blutfluss, Stoffwechsel und Energieumsatz sichtbar machen. Mit PET-Aufnahmen kann man zum Beispiel darstellen, welches Gehirnareal aktiviert wird, wenn wir rechnen, buchstabieren oder uns ein neues Gesicht einprägen. PET ist heute *die* Methode, um dem Gehirn beim Denken und Fühlen zuzusehen.

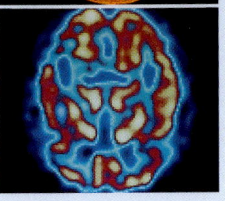

▶ **Kleinhirn:** Hier werden alle willkürlichen Bewegungen des Körpers koordiniert. Das Kleinhirn sorgt dafür, dass Sie, wenn Sie es einmal gelernt haben, laufen, ohne über jeden Schritt nachzudenken, oder Rad fahren, ohne immer wieder umzufallen.

▶ **Brücke:** Sie verbindet rechte und linke Hirnhemisphäre an der Basis und ermöglicht den raschen Informationsaustausch zwischen den Gehirnhälften.

▶ **Verlängertes Mark:** Dieser Teil des Kleinhirns sieht aus wie eine Keule. Er beherbergt wichtige Instinktzentren, ohne die man keine fünf Sekunden überleben würde. Die Zentren regulieren Atmung, Herz, Kreislauf und Blutgefäße.

Zum Schutz ist das Gehirn von drei Hirnhautschichten eingehüllt. Außerdem wird es durch flüssigkeitsgefüllte Hohlräume (Ventrikel) abgepolstert, die mit Nervenwasser (Liquor) gefüllt sind. Sie federn die empfindlichen Hirnzellen ab wie Luftpolsterkissen.

Meister der Kommunikation

Ist das Gehirn gefordert, werden in ihm die Informationen hin und her katapultiert. Dabei sind die eigentlichen Kommunikationsgenies die Dendriten – elektronenmikroskopisch kleine Verästelungen der Nervenzellen. Sie stellen allein zwischen zwei Neuronen Tausende von Verbindungen her und treten so in Kontakt mit ihren Nachbarn, senden und empfangen Infos über die »Nervenlötstellen«, die Synapsen. Dendriten passen sich genial jeder Situation an: Ist unser Oberstübchen in Aktion, sprießen zigtausend neue Ästchen aus den jeweiligen Nervenzellen.

Im fitten Gehirn sprießen Dendriten

Neugieriger Jungfaktor

Dendriten sind von Natur aus neugierig. Sobald sie neue Informationen bekommen, dehnen sie sich in alle Richtungen aus, bilden neue Verästelungen – und weben so das Informationsnetz im Gehirn dichter. Damit sind sie zugleich der Schlüssel zum ewig jungen Gehirn: Wenn sich der Geist ständig in Aktion befindet, Anregungen bekommt und gibt, Gedanken fasst und Gefühlen freien Lauf lässt, blüht das Dendritenwachstum. Doch damit es bei der Kommunikation zwischen Dendriten und

Der kleine Unterschied

Das Gehirn eines Mannes wiegt ca. 1500 Gramm, das einer Frau rund 300 Gramm weniger. Bezieht man das Gehirngewicht jedoch auf das Körpergewicht, haben Frauen prozentual mehr Gehirn im Kopf. Auch ist bei ihnen der Balken zwischen den Hirnhälften dicker. Forscher sehen darin einen Hinweis, dass ihre Hirnhemisphären besser kommunizieren; Frauen also Zusammenhänge komplexer durchschauen können. Frauen reagieren außerdem auf ihre Gefühle stärker. Dies zeigten PET-Untersuchungen: Als man sie aufforderte, sich etwas Trauriges lebhaft vorzustellen, lief bei ihnen die Aktivität im emotionalen Gehirnbereich sofort an. Bei Männern fiel die messbare Reaktion dagegen eher kärglich aus.

Rechts = weiblich, links = männlich?

Frauen sind stärker von der rechten, emotionalen Hirnhälfte bestimmt, Männer hingegen von der linken, rationalen – so die gängige Annahme. Aktuellen Forschungsergebnissen zufolge stimmt es jedoch nicht, dass in der rechten Hemisphäre die »weiblichen« Emotionen sitzen und in der linken die »männliche« Ratio. Untersuchungen legen vielmehr nahe, dass die rechte Hirnhälfte für Überblick und Zusammenhänge zuständig ist, während in der linken mehr die Details eines Sachverhalts erfasst werden – und das geschieht geschlechtsunabhängig.

Neuronen wirklich funkt, brauchen sie Kontaktstellen, an denen der Informationsfunke überspringen kann: die Synapsen.

Signalmix im Kopf

Clevere Info-Mischung

Wie schafft es das Gehirn überhaupt, Informationen über die Synapsenkontaktbrücke in Millisekunden von einem Nerv zum nächsten zu feuern? Um diese technologische Meisterleistung zu vollbringen, benutzt unser Gehirn einen raffinierten Mix aus elektrischen Impulsen und Signalen durch Nervenbotenstoffe (Neurotransmitter).

Erst fließt elektrischer Strom ...

Wenn eine Nervenzelle durch einen Reiz – egal ob durch einen Sinneseindruck oder einen Gedanken – erregt wird, läuft eine blitzschnelle Kettenreaktion ab. Elektrischer Strom schießt in Sekundenbruchteilen über die Nervenhaut (Membran) bis zur Synapse. Hier sitzen bereits Gehirnbotenstoffe (Neurotransmitter) in den Startlöchern. Durch den elektrischen Reiz öffnet sich die Nervenzelle und katapultiert Botenstoffe in den synaptischen Spalt.

... dann springen die Neurotransmitter

Die Neurotransmitter springen in Schallgeschwindigkeit über den nur zwanzig tausendstel Millimeter schmalen Spalt bis zur nächsten Nervenzelle. Dort docken sie blitzschnell an Fühlern (Rezeptoren) an, die jeweils wie maßgeschneidert sind. Innerhalb von Millisekunden öffnen sich Tausende elektronenmikroskopisch winziger Kanälchen in der Nervenmembran. Durch diese strömen elektrisch geladene Teilchen (Ionen) in die nächste Zelle und lösen damit ein weiteres elektrisches Signal aus. Dies fliegt wieder entlang der Nervenzellhaut bis zur Synapse, setzt Neurotransmitter frei – und die Informationskaskade rollt schnell zur nächsten Nervenzelle. Diese elektrisch-biochemischen Signale sind es, die uns lachen oder erschauern lassen, durch die wir plötzlich Ideen entwickeln und Pläne machen.

Neurotransmitter sorgen für Action

Rasende Botschafter

Inzwischen sind ein Dutzend Substanzen bekannt, die im Gehirn als Überträger von Nervennachrichten arbeiten.

▶ **Acetylcholin** ist einer der wichtigsten Nervenbotenstoffe, der die nachfolgenden Nervenzellen erregt. Acetylcholin, das als Geistesblitztransmitter gilt, lässt Sie schärfer wahrnehmen, klarer denken und vernünftiger handeln.

Das Eine-Billion-Team

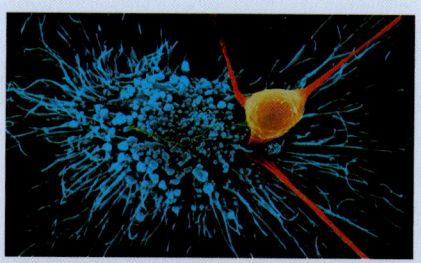

Die 100 Milliarden hochsensibler Neuronen im Kopf sind eingehüllt von zehnmal so viel Stützzellen – von einer Billion Gliazellen. Im watteweichen Gliabett tauschen die Neuronen über die Dendriten in Sekundenbruchteilen Informationen aus. (Rechts auf dem Foto ist eine Nervenzelle zu sehen, umgeben von Gliazellen und Dendriten.) Hier verlaufen aber auch die haarfeinen Blutgefäße, die die Nervenzellen versorgen. Doch die Glias führen auch ein faszinierendes Eigenleben. Der größte Typ von Glia, die Sternzellen, enthalten Eiweiße (Proteine), die ganz ähnlich gebaut sind wie die Muskelproteine, weshalb sie sich wie ein Muskel zusammenziehen können. Kontrahieren sich die Sternglias, rücken Neuronen enger zusammen, vernetzen sich dichter, bilden rascher Synapsen. Erschlaffen die Gliamuskeln, rücken die Neuronen auseinander, ihre Kommunikation nimmt ab.

Der zweitgrößte Typ von Gliazellen isoliert die Nervenbahnen. Dank dieser Isolierschicht sausen die Nervensignale mit über hundert Metern pro Sekunde über die Außenhaut der Nervenzellen.

Die kleinsten Glias, die Mikroglia, sind die »Krankenschwestern« des Gehirns. Ist ein Neuron von giftigen Schadstoffen akut bedroht, frisst die Mikroglia das giftige Material aus der Nähe der Nervenzelle weg. Ist ein Neuron verletzt, kann sich die nächstgelegene Mikrogliazelle sogar flach machen und wie ein Pflaster auf das Neuron legen, damit die Nervenwunde heilt.

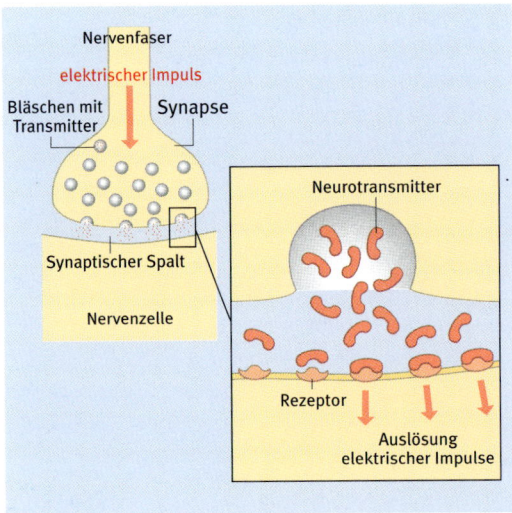

Nervenfaser

elektrischer Impuls

Bläschen mit Transmitter

Synapse

Neurotransmitter

Synaptischer Spalt

Nervenzelle

Rezeptor

Auslösung elektrischer Impulse

▶ **Glutamat** – in der asiatischen Küche ein Geschmacksverstärker – bewirkt im Gehirn, dass die elektrischen Signale beim Sprung über die Synapse verstärkt werden. Glutamat macht die Gedanken schnell, lässt Sie rasch neue Pläne fassen und nachhaltiger lernen.

▶ **GABA** – Gamma-Amino-Buttersäure ist der wichtigste hemmende Neurotransmitter. Er bremst die Signalübertragung in bestimmten Nervenzellen. Müsste man ohne GABA etwa hören, nähme man die Geräusche der Umgebung nur als Rauschen wahr. Durch die so genannte Kontrastverstärkung mittels GABA gelingt es, genau die Höreindrücke herauszufiltern, die für uns wichtig sind.

Bei der Signalübertragung im Gehirn werden die Neurotransmitter aktiv.

Der magische Schlauschalter

Wissenschaftler in aller Welt sind fasziniert von dem Wunderwerk mit dem Namen NMDA-Rezeptor (oder, unaussprechlicher, N-Methyl-D-Aspartat-Rezeptor). Dieser Zwerg ist nach neuesten Ergebnissen der Hirnforschung der Schlauschalter im Gehirn. Mindestens eine Trillion der NMDA-Rezeptoren sitzen in unserem Kopf zwischen den Synapsen. Diese Armada entscheidet darüber, wie gut wir Rechenaufgaben lösen, uns zum Beispiel in Paris oder Kairo zurechtfinden oder neue Gesichter einprägen. Wie Türsteher wachen sie darüber, wie viel Nervenbotenstoff über den synaptischen Spalt springen darf, sobald eine Welle von Neurotransmittern heranflutet. Durch diese Funktion können die Schlauschalter die Nervenerregung fein dosieren.

Sehr erregend – oder nicht?

Dürfen viele Neurotransmitter die Synapsenenge passieren, ist der Ionenstrom in der Empfangszelle groß. Lassen die NMDA-Rezeptoren jedoch nur wenig durch, ist die Erregung der nächsten Zelle schwach. Beim

Botenstoff der Glücksgefühle

Besonders Sportler kennen sie: die Endorphine. Diese Neurotransmitter schüttet das Gehirn immer dann aus, wenn man sich so richtig
auspowert. Die Glücksstoffe lassen den Körper Anstrengung, Erschöp-
fung und sogar Schmerz vergessen, denn sie wirken euphorisierend
wie Rauschgift. Kein Wunder, Endorphine sind den Opiaten verwandt
– allerdings ohne deren Nebenwirkungen.
Die konzentrierte Glücksdosis in Ihrem Kopf können Sie gezielt auslösen. Wie das geht? Sie lesen es auf S. 108.

So macht der NMDA-Rezeptor klug

nächsten Synapsensprung versandet sie dann vielleicht völlig. Besonders faszinierend aber: Werden Nervenzellen öfter hintereinander
immer wieder erregt, lassen die NMDA-Rezeptoren nach neuesten
Forschungsergebnissen von Mal zu Mal mehr Neurotransmitter passieren. Bei jedem neuem Nervensignal fällt die Neuronenerregung
dann noch stärker aus als zuvor.
Ein weiteres Plus wiederholter Nervensignale: Je öfter die betreffenden Neuronen kommunizieren, desto toleranter werden die NMDA-
Rezeptoren – und desto schneller flutscht die Information von Zelle
zu Zelle. Das Gehirn steuert sich sozusagen mit seiner eigenen Aktivität
immer mehr in den Aufwind. Dieses unglaubliche Phänomen liefert auf
hochkomplexer molekularer Ebene eine einleuchtende Erklärung dafür,
warum geistig fitte und geübte Gehirne klarer denken, rascher schalten,
besser diskutieren und schneller Entscheidungen fällen können. Ein
trainiertes Gehirn hat einfach die geschmeidigeren Schlauschalter.

Im Reich der Sinne

Auf dem Mond fehlt der Durchblick

Als am 20. Juli 1969 die beiden Apollo-11-Astronauten Neil Armstrong
und Edwin Aldrin als erste Menschen den Mond betraten, machten sie
eine merkwürdige Erfahrung. »Welche Farbe hat denn das Mondgestein?«,
wollten die Mitglieder der Bodenstation wissen. Die Antworten der
Astronauten fielen ganz unterschiedlich aus. »Grünlich, ein bisschen
weiß schimmernd« meinte Armstrong, wohingegen Aldrin »eher blau«
sah. Nach der Rückkehr auf die Erde zeigte sich: Mondgestein ist maus-
grau. Des Rätsels Lösung war: Auf dem Mond herrschen völlig andere

Die Augen beschäftigen das Gehirn

Das für den Menschen mit Abstand wichtigste Sinnesorgan ist das Auge. Über dreißig Areale der Großhirnrinde sind ausschließlich damit beschäftigt, visuelle Informationen auszuwerten, zu beurteilen und aus der Flut der Bildreize eine komplette Welt-Anschauung zusammenzubasteln. Und das emotionale Limbische System drückt der visuellen Wahrnehmung auch noch seinen Gefühlsstempel auf.

Lichtverhältnisse als auf der Erde. Doch mit diesen veränderten Lichtinformationen konnten die Gehirne der Astronauten nichts anfangen. Wir nehmen die Welt zwar über die Sinne wahr, aber erst im Kopf setzt das Großhirn aus den unzähligen Informationen ein Weltbild zusammen.

Wie kommen die Bilder in den Kopf?

Das Gehirn formt das Weltbild Wenn optische Eindrücke auf uns einströmen, passiert Folgendes: Die Kamera des Auges sammelt das Licht mit der Augenlinse, filtert es durch Iris und Glaskörper. Der Gesamteindruck bildet sich dabei wie bei einer Projektionsleinwand auf der Netzhaut des Augenhintergrunds ab. In Millisekunden wird jedes Bild zunächst in Hunderte von Einzelinformationen zerlegt und als elektrischer Stromimpuls über Dutzende verschiedener Schaltstationen ins Großhirn geschickt. Dort werden sie mit bestehenden Bildern und bereits bekannten Daten verglichen, erst dann können wir uns wirklich »ein Bild machen«.

Aus Schallwellen wird ein Streichquartett

Ähnlich faszinierend und komplex funktioniert Hören. Das äußere Ohr sammelt die Schallsignale und leitet sie ins Innenohr. Dort nehmen haarfeine Hörsinneszellen die Schallwellen auf und wandeln sie in elektrische Impulse um. Diese elektrischen Signale fließen in Sekundenbruchteilen über die beiden Hörnerven zu speziellen Gehirnkernen im Hirnstamm und von da weiter ins Großhirn. Dort werden die Akustikdaten wieder mit Millionen bereits gespeicherter Informationen verglichen. Deshalb können Sie den Presslufthammer vom Rauschen einer Windböe unterscheiden, Liebesgeflüster einordnen und die Harmonie eines Beethoven-Streichquartetts erleben.

Haarfeine Zellen lassen uns Beethoven hören

Dufte Gefühle – ungefiltert

Ein herb-sinnliches Parfüm – und das Gehirn überschwemmt Ihr Herz
mit Erinnerungen. Der Duft einer Frühlingswiese – und Ihre Seele
blüht auf. Von allen Sinnen ist der Geruchssinn der urtümlichste. Seit
Urvorfahrin Qualle vor siebenhundert Millionen Jahren ihre Nahrung
erschnupperte, hat sich prinzipiell nicht viel daran geändert, dass wir
instinktiv geruchsgesteuert sind. Ein paar tausend Duftmoleküle genü-
gen, und unser Gefühlsleben spielt verrückt.

Neurophysiologisch ist das nicht verwunderlich. Der Geruchssinn ist
der einzige, dessen Botschaften direkt und unzensiert in unser Emotionszentrum, das Limbische System, und von dort ins Bewusstsein
gelangen. Und dies geschieht so: Die Duftmoleküle docken an den
etwa vierzig Millionen Geruchssensoren (»Rezeptoren«) der Riech-
schleimhaut in der Nase an. Dort
lösen sie einen elektrischen Reiz
aus. Dieser Impuls wird dann
direkt, ohne vorherige Kontrolle
durch einen Verstandesfilter, ins
Emotionszentrum weitergeleitet.

Etwa zwei Quadratmeter Fläche hat unsere Haut.

Gefühlsstation Haut

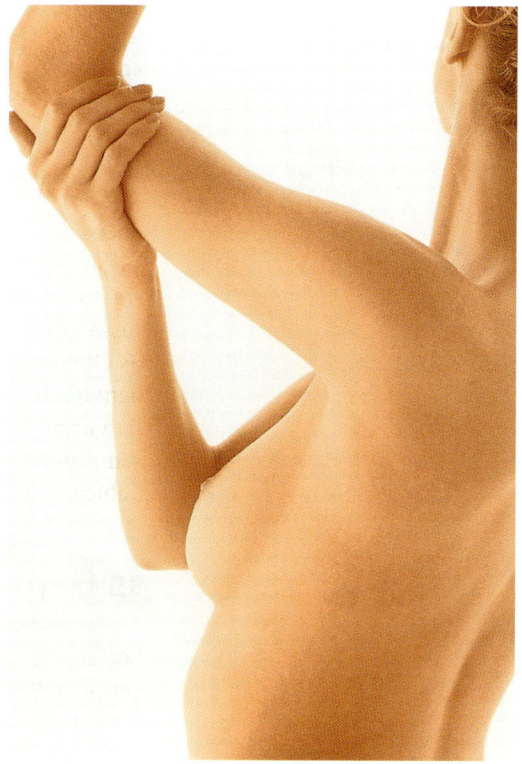

Die Haut ist das größte Sinnesorgan. Ungleichmäßig verteilt sitzen
Millionen von Fühlern (Rezeptoren) auf unserer äußeren Schutz-
hülle. Es gibt hochsensible Bezirke
wie die Lippen und eher unemp-
findliche wie etwa den Rücken.
Die Hautrezeptoren registrieren
Wärme und Kälte, Druck und
Schmerz. Auch diese Impulse werden erst im Gehirn zum gefühlten
Abbild der Umgebung. In der »so-
matosensorischen« Hirnrinde arbeiten Millionen von Nervenzellen
daran, uns zu vermitteln, was wir
an der Körperoberfläche spüren.

Geschmackssache

Einfach delikat: Als Vorspeise Stein-
pilzsuppe, als Hauptgang weiße
Trüffel auf Bandnudeln, dann eine
köstliche Mangocreme. Ein perfektes Dinner – nur: Schmecken
können Sie davon kaum etwas. Im
Vergleich zur Nase ist die Zunge ein
unspektakuläres Sinnesorgan. Auf der
Zungenoberfläche und ihrer unmittelbaren Umge-
bung im Mund verteilen sich rund zehntausend kleine Knötchen, auf
denen Geschmackssensoren sitzen. Diese so genannten Geschmacks-
knospen sprechen nur auf salzig, sauer, süß und bitter an. Ob Hering,
Huhn oder Himbeereis: Die Zunge nimmt jeweils nur eine dieser vier
Grundempfindungen wahr.
Dass Sie die erlesenen Nuancen des Schlemmermahls genießen können, liegt einzig daran, dass Sie Steinpilz, Trüffel und Mango riechen!

Wann schaltet der Kopf auf Empfang?

Die Kriterien, nach denen das Gehirn die Informationen als wichtig
einstuft, sind ihre emotionale Bedeutung und ihr Newsgehalt, also der
Neuigkeits- und Überraschungsfaktor. Deshalb ist es auch nicht optimal, Dinge lediglich auswendig zu lernen, um den Kopf in Schwung
zu bringen. Besser: Das Oberstübchen immer mal wieder mit Inte-
ressantem und Skurrilem überraschen, das schaltet den Geist in den
Leistungsgang. Und der Gehalt an »News«, aber auch die emotionale
Bedeutung von Erlebtem, entscheidet, ob das Gehirn etwas in seinen
gigantischen Speicher ablegt: ins Gedächtnis.

*News und
Emotionen
wecken
den Kopf*

So bastelt das Gehirn Erinnerungen

Das Gedächtnis speichert unsere Erinnerungen. Wenn auch ganz anders
und viel dynamischer, als man bisher dachte. – Aber wie bastelt das Gehirn überhaupt unser Erlebtes zu Bildern, Tönen, Gefühlen, Gerüchen
der Vergangenheit zusammen? Können die Neurowissenschaftler heute

vielleicht sogar biologisch erklären, wie so etwas Abstraktes wie Erinne- | Aktionsplan
rung eigentlich funktioniert? – Können sie. Der aktuellste Wissensstand: | des Gehirns
Um Gedanken und Gefühle zu speichern, hat das Gehirn offenbar einen
dreistufigen Aktionsplan parat. Und der sieht so aus:

Erst eine Datenautobahn ...

Werden zwei Nervenzellen mehrmals gleichzeitig aktiviert, bauen sie
eine Datenschnellstraße zwischen sich. Das bedeutet: Sie verringern
ihre elektrische Spannung, so dass beim nächsten Mal der Strom zwischen ihnen leichter fließt und die Neurotransmitter müheloser über
den synaptischen Spalt zwischen ihnen springen können.
Eine Schlüsselrolle dabei spielen zwei gerade erst entdeckte »Erinnerungs-
moleküle« im Gehirn (s. unten stehenden Kasten). Das Phänomen, dass
Informationen zwischen zwei kommunizierenden Neuronen mit der Zeit
immer reibungsloser fließen, nennt man Bahnung. Sie ist die Grundlage
aller Erinnerung und wird bei jedem Gedächtnistraining genutzt.

Aktive Neu-
ronen bauen
Datenauto-
bahnen

... dann ein Lesezeichen

Wenn wir bestimmte Gedanken besonders oft denken, bestimmte
Gefühle besonders intensiv erleben, dann geht unser Gehirn noch ei-

Ein Molekül erinnert sich

Erinnerung ist (auch) ein biochemischer Prozess. In faszinierenden
Forschungsreihen ist es Wissenschaftlern des Max-Planck-Instituts
für Neurophysiologie in Martinsried bei München gelungen, ein
Erinnerungsmolekül zu identifizieren und sozusagen näher kennen
zu lernen. Sie fanden Folgendes – und erregten damit solches Aufsehen,
dass sogar die *New York Times* über die neueste Gehirnforschung
berichtete: Ein Molekül mit dem merkwürdigen Namen PSA-NCAM.
Es wirkt auf die Gehirnzellen wie ein Klettverschluss: Wenn PSA-NCAM
an den Synapsen vorhanden ist, halten die Nervenverbindungen enger
und dauerhafter aneinander. Dann kann die Information zwischen
den Nerven leichter »flutschen«. Das Molekül wird gebildet, wenn
Informationen zwischen Nerven mehrfach aktiv werden – man also
sein Denkorgan fordert und trainiert.

Lesezeichen
aus Eiweiß
nen Schritt weiter. Es legt sich sozusagen ein Lesezeichen in die Gedanken, damit man diese Ereignisse jederzeit leicht wieder finden kann. Diese Gehirnlesezeichen bestehen aus Eiweiß. Man nennt sie wissenschaftlich »Markierungsproteine«. Die Signale zur Produktion von Markierungseiweißen werden wiederum im Limbischen System verstärkt oder abgeschwächt. Auch auf biochemischer Ebene entscheiden also die Gefühle mit darüber, wie gut und plastisch wir uns erinnern.

... und ein stärkeres Informationsnetz

Das Gehirn hat noch einen dritten Trick auf Lager, um Erinnerungen besser zu speichern. Es bildet mehr Synapsen und Dendriten – die Nervenästchen der Kommunikation. Heute hat man sogar Stoffe identifiziert, die die Bildung neuer Dendriten und Synapsen auf Hochtouren bringen.

Nach neuesten Untersuchungen lässt sich die Bildung dieser Wachstumsstoffe ankurbeln, indem man den Kopf fit hält und gleichzeitig emotional beteiligt ist. »Wenn wir etwas mit allen Sinnen wahrnehmen, es in bunten Farben sehen und mit klangvollen Tönen hören, wenn wir es intensiv schmecken und riechen, dann wird es auch besonders gut in die Erinnerung gespeichert«, meint Professor Lawrence Katz, Neurobiologe der Duke-Universität in Durham/North Carolina. Deshalb bezieht das moderne, so genannte multisensorische Gehirntraining nicht nur alle Sinne, sondern auch die Emotionsebene mit ein. Denn nichts entscheidet mehr über das Schicksal von Erlebtem im Kopf als unsere Gefühle.

Gefühle
entscheiden
über Erinnerungen

Dynamisches Gedächtnis

Wie hält man Messer und Gabel? Der Geruch einer Sommernacht. Am ersten Schultag hat es geregnet. Fahrrad fahren ist ganz einfach: draufschwingen und losstrampeln. Silvester 2000. Die erste Liebesnacht mit x, die letzte mit y. Unser Gedächtnis weiß alles. Dort sind die Erfahrungen unseres Lebens abgelegt.

Der Kopf ist keine Festplatte

Bis vor kurzem dachte man, wichtige Gedanken und Gefühle seien im Langzeitgedächtnis wie auf einer Festplatte abgespeichert. Doch die

Neurobiologen mussten ihre Vorstellungen darüber, wie das Gedächtnis mit Erlebtem umgeht,
völlig revidieren. Das Gedächtnis
arbeitet nicht wie ein Kamera-
mann, der Eindrücke und Bilder
auf Zelluloid bannt. Das Gedächtnis ist mit dem steten Umbau von
Erinnerungen beschäftigt. Dies
beweisen Aufnahmen von PET-
Untersuchungen.

In unserem Kopf verändert sich
das Erlebte ständig. Unser Gehirn erinnert sich wie ein Regisseur, der ein
avantgardistisches Theaterstück inszeniert: Das gleiche Drama wird nach
seinen Anweisungen immer wieder neu und überraschend inszeniert.
Wie – daran sind die Emotionen in ganz entscheidendem Maß beteiligt.

**Unser Ge-
hirn arbeitet
flexibler als
die Festplat-
te eines
Computers.**

Erinnerungsfaktor Emotionen

Unsere Gefühle entscheiden nicht nur, wie und in welcher Form wir
uns an Geschehenes erinnern. Sie sind auch an der Entscheidung beteiligt, ob wir ein Erlebnis überhaupt ins Gedächtnis ablegen. Denn
Eindrücke aus den Sinneskanälen von Auge, Ohr, Haut, Geschmacksnerven und Nase schaltet das Gehirn gleichzeitig an den Thalamus –
das Tor zum Bewusstsein – und an das Emotionszentrum. Dort, im
Limbischen System, bekommt das Erlebte erst einmal eine Gefühls-
note: War es aufregend, lustig, traurig? Und zusammen mit diesem
Gefühletikett – nicht vorher – werden die Informationen über den

Gefühle biegen die Erinnerungen zurecht

Denken Sie mal an das letzte gemeinsame Weihnachtsfest. Ja, das,
bevor Sie sich von Ihrem Partner trennten. Hat er sich nicht damals
schon unmöglich benommen? Je mehr Sie darüber nachdenken,
desto mehr Erinnerungssplitter werden Ihnen bestätigen: Eigentlich
war er zu diesem Zeitpunkt schon unerträglich. Das werden Sie
immer felsenfester glauben – auch, wenn er sich tadellos benommen hat.

Thalamus ins Großhirn und damit ins Bewusstsein geleitet. Erst jetzt entscheidet das Gehirn, ob etwas spannend und aufwühlend genug ist, um es zu speichern.

Spannendes speichert das Gehirn am liebsten

Kurzzeitgedächtnis: Da kreist der Strom

Sogar unser Kurzzeitgedächtnis ist emotionsabhängig. Was können Sie sich besser merken: die zugerufene Telefonnummer des neuen, attraktiven Mitarbeiters oder die des alten Hausmeisters? Wenn Fakten gespeichert werden, aktiviert das Gehirn insgesamt sechs Gedächtnissysteme. Die beiden kurzzeitigen Gedächtnistypen sind nichts anderes als vorübergehend im Gehirn kreisende elektrische Impulse. Hört der Strom auf zu fließen, ist das Gemerkte futsch.

Das Ultrakurzzeitgedächtnis

Dieser flüchtige Speicher behält Sinneseindrücke von Augen, Ohren, Nase oder Haut maximal drei Sekunden lang.

Das Kurzzeitgedächtnis

Hier werden Dinge »mittlerer emotionaler Bedeutung« zwischengespeichert. Den Entschluss, vor der Party rasch noch eine Flasche Sekt und ein paar Blumen zu besorgen, sollte man bis zum Blumengeschäft möglichst in Erinnerung behalten. Solche Gedanken muss man aber nicht ein Leben lang mit sich herumtragen – sie sind im Kurzzeitgedächtnis gut aufgehoben, denn dort werden sie nach etwa zwanzig Minuten wieder gelöscht, sofern man sie innerhalb dieser Zeit nicht wiederholt.

Weniger Wichtiges löscht das Gehirn

Die vier Gesichter der langen Erinnerung

Das Langzeitgedächtnis funktioniert viel komplizierter. Man unterscheidet vier Gedächtnisschubladen, in die das Gehirn die Erlebnisse grob einsortiert.

Das prozedurale Langzeitgedächtnis

Es ist zuständig für Bewegungsabläufe. Wie hebe ich eine Tasse? Wie laufe ich? Wie fahre ich Rad oder Auto? Hier werden Alltagsbewegungen ins Unbewusste gespeichert.

Priming

Dieses ganz neu entdeckte Gedächtnissystem speichert das »Selbstver-ständliche« in der Welt. Es ist offenbar so eine Art Überlaufreservoir, damit sich das semantische Gedächtnis (siehe unten) nicht mit Alltäg-lichem herumschlagen muss. Das Priming speichert Dinge wie »Autos rollen auf Rädern, und die Räder sitzen unten«.

Das semantische Gedächtnis

Wird auch als Wissensgedächtnis bezeichnet. Es speichert emotionslos und penibel die Fakten dieser Welt. Wie heißt die Hauptstadt von Japan? Wie lautet der PIN-Code meiner Scheckkarte?

Die erste große Liebe vergisst man nie.

Das episodische Gedächtnis

Hierbei handelt es sich um das »klassische« Gedächtnis. Es speichert die Summe des Erlebten. Den nervigen Lateinlehrer, die erste Frankreich-reise, die tolle Party. All das sitzt im episodischen Gedächtnis – der Quelle aller Ihrer Erinnerungen.

Die Macht der Emotionen

Erinnern Sie sich noch an Ihre erste große Liebe? Sicher. Können Sie sich ins Gedächtnis rufen, wel-ches Kleid Sie beim Abschlussball der Tanzschule vor Jahren getragen haben? Zumindest nicht unwahr-scheinlich. Wissen sie noch, wie das Wetter vor zehn Tagen war? Kaum. Wissen Sie noch, wer Ihnen vor vier Wochen in der U-Bahn gegenübersaß? Das wäre ein Wunder.

Unser Gedächtnisspeicher mit der Seepferd-Gestalt, der Hippocam-pus, behält neues Wissen und

Läuft das Gehirn heiß, wird es bunt

Neurowissenschaftler können heute auf faszinierende Weise zeigen, in welchen Neuronenrausch Emotionen unser Gehirn versetzen, etwa mithilfe der Positronen-Emissions-Tomographie (PET): Sie zeigt, wann bestimmte Gehirnbereiche auf Hochtouren laufen. Dann leuchten diese Areale im PET in flammenden Farben. Nehmen die Gehirnaktivitäten ab, werden die Farben schwächer. (Siehe auch »So blicken Hirnforscher und Ärzte in den Kopf«, S. 14.)

Zentrum der Emotionen: der Mandelkern

neue Erfahrungen einige Stunden oder Tage. Dann entscheidet er in Abstimmung mit dem Limbischen System, was ins Langzeitgedächtnis gespeichert wird. – Unsere Erinnerung ist also nicht nur davon abhängig, wie weit Ereignisse zurückliegen. Das Gedächtnis ist auch ganz wesentlich von unseren Gefühlen gesteuert.

Was uns aufwühlt oder glücklich macht, das prägt sich tief in unseren Kopf ein. Was uns gleichgültig lässt, hakt unser Gehirn rasch ab. Die gefühlsmäßig wichtigsten Erinnerungen begleiten uns ein Leben lang: Die Angst vor dem mündlichen Abitur, die Aufregung beim ersten Sex. Die großen Triumphe, die großen Niederlagen: Das ist für immer im Kopf eingraviert. »Das alles entscheidende Emotionszentrum im Gehirn ist die Amygdala, der Mandelkern des Limbischen Systems. Die Amygdala hat eine ungeheure Macht auch über unsere Erinnerung«, so Professor Daniel Schacter von der Harvard-Universität in Boston/USA.

TIPP!

Markieren Sie Dinge, an die Sie sich unbedingt oder regelmäßig erinnern wollen, mit einem emotionalen Ausrufezeichen! Damit können Sie sich vieles leichter merken:

● Sie können die Telefondurchwahl eines Mitarbeiters einfach nicht im Kopf behalten? Vielleicht klappt es besser, wenn Sie darin zum Beispiel das Datum Ihres letzten Dates wiederentdecken.

● Der Code der EC-Karte fällt Ihnen immer dann nicht ein, wenn sie gerade vor dem Automaten stehen? Auch hier lässt sich sicherlich eine emotionale Brücke herstellen. Verbirgt sich hinter den dürren Zahlen eventuell ein Jubiläum oder ein anderes wichtiges Datum?

Lebenswichtiger emotionaler Filter

Stellen Sie sich vor, Ihr Kopf würde wahllos alles speichern, was täglich an Eindrücken und Emotionen auf Sie einstürmt – in kürzester Zeit würden Sie in einer Flut von Daten ertrinken. Deshalb fischt der Mandelkern Eindrücke mit hohem »Gefühlsfaktor« aus der Masse der Informationen und markiert sie mit bunter Gefühlsfarbe oder ödem Routine-Grau. Erst dann unterscheidet das Gehirn wichtig von unwichtig und packt die entsprechenden Informationen ins Langzeitgedächtnis. So werden die schönen Dinge des Lebens gespeichert. – Werden bei einer rasanten Kanutour in einem Gebirgsbach unsere Nervenzellen mit Endorphinen überschwemmt, koppelt das Emotionszentrum Glückspunkte an diese Erinnerung, und das Gehirn legt sie im biographischen Gedächtnis ab. Aber leider erhalten auch aufwühlende negative Erlebnisse Memory-Punkte.

Intensiv erlebte Momente vergessen wir nicht.

... auch Horror brennt sich in den Kopf

Am 11. September 2001 rasten zwei Passagierflugzeuge, gesteuert von fanatischen Selbstmordattentätern, in die Türme des World Trade Centers. Es folgten Szenen unbeschreiblichen Grauens. Den Überlebenden des Terroranschlags haben sich diese Momente des Horrors für immer in die Seele geprägt. Doch auch jeder von uns, der diese Schreckensbilder auf dem Fernsehschirm mitverfolgte, hat Wut, Angst und Trauer empfunden. – Gefühle, die den Körper mit Stresshormonen überfluten. Unser Gehirn merkt sich solch heftige Erlebnisse oft lebenslang.

Speicherplätze für Glück und Unglück

Nach neuesten Forschungen werden positive und negative Erinnerungen offenbar in unterschiedlichen Hirnregionen abgelegt. Es gibt

TIPP!

● Sehen Sie sich Schreckensszenen wie die Bilder aus New York nicht immer wieder an. Das Gehirn registriert jeden der Eindrücke ganz genau. Je höher die »Dosis« der grausigen Emotionsinhalte, desto eher können Mandelkern und Hippocampus Schaden nehmen.

● Meiden Sie besonders vor dem Schlafengehen negative Emotionsreize. Wer sich spätabends noch Horrorfilme ansieht, der schläft nicht nur schlecht und wenig erholsam, sondern er kann dadurch sogar sein Gehirn schädigen.

also nicht nur ein Glückszentrum, sondern auch ein Horrorzentrum im Gehirn. Die Forschungen zeigen ebenso: Auf Schreckensbilder reagieren die Neuronen speziell im Mandelkern und Hippocampus mit einer radikalen Veränderung ihres Stoffwechsels.

Unter extremer Belastung, wie zum Beispiel unter lang anhaltendem Stress, können sie sogar absterben. Das Gehirn schüttet dann nämlich große Mengen des negativen Stresshormons Cortisol aus, das im Mandelkern (Emotionszentrum) und Hippocampus (Gedächtniszentrum) ganze Neuronenbezirke eliminiert. Deshalb kann Vergesslichkeit auch ein Zeichen von großem Stress sein. – Dies alles zeigt, wie wir das Glück unseres Kopfes selbst in der Hand haben!

Extremer Stress lässt Neuronen sterben

Mentales Anti-Aging

Lassen Sie im Kopf doch einmal folgenden Fantasiefilm ablaufen: Ein reicher Großonkel hat Ihnen völlig überraschend eine Traumvilla aus der Jahrhundertwende vermacht. Leider ist der Garten etwas verwildert, und die stuckverzierten Wände brauchen einen neuen Anstrich. Sie müssen also aktiv werden, Spezialisten mit der Renovierung beauftragen und vielleicht selbst Hand anlegen. Oder würden Sie es einfach verfallen lassen?

Etwas Ähnliches wie diese Erbschaft haben Sie bereits geschenkt bekommen. Allerdings steht die Kostbarkeit nicht am Starnberger See oder an der Alster – sie sitzt in Ihrem Kopf! Ihr Gehirn bietet Ihnen die Chance, ein an Erlebnissen und Glücksmomenten reiches Leben zu genießen. Dazu müssen Sie jedoch aktiv werden und Ihr Denkorgan nicht nur fordern, sondern auch pflegen.

Das Gehirn: Eine permanente Baustelle

»Unser Gehirn wird fortlaufend renoviert. Die alte Vorstellung, nach der wir als Kinder und Heranwachsende einen fixen Datenbestand in unserem Kopf anlegen, ist heute überholt«, so der Hirnforscher Professor Lawrence Katz. Und weiter: »Diese neue Vorstellung von der Funktionsweise des Gehirns bezeichnet man als dynamisches Modell des Gehirns. Man kann heute nachweisen: In jedem Lebensalter spielt sich im Kopf eine Vielzahl von Umbauvorgängen ab. Wie erfolgreich das Gehirn sich selbst immer wieder in Topform bringt, das hängt in erster Linie davon ab, wie sehr es durch neue sinnliche Erfahrungen und deren Verarbeitung gefordert wird.«

Neu: das »dynamische Modell« des Gehirns

Auch ein spontaner Badeausflug durchbricht die tägliche Routine und bringt so das Gehirn in Schwung.

Ziel: hundert Jahre jung im Kopf

Der Dichter und Schriftsteller Ernst Jünger nahm noch in seinem 101. Lebensjahr jeden Morgen ein kaltes Bad. »Das macht meine Gedanken klar«, meinte er. Dann setzte er sich an den Schreibtisch und brachte

zu Papier, was bei siebzig Jahre Jüngeren für Gesprächsstoff sorgte. Pablo Picasso malte noch mit achtzig Meisterwerke, die die Kunstwelt verblüfften. Der Pianist Wladimir Horowitz feierte mit dreiundachtzig Jahren seine größten Erfolge in Mailand und Paris.

Viel beschäftigte Neuronen bleiben länger jung ...

Diese Beispiele zeigen eindrucksvoll: Man kann alt werden und dennoch topfit im Kopf bleiben. Jünger, Picasso und Horowitz hatten allerdings ein wichtiges gemeinsames Kennzeichen: Sie haben ihr Gehirn lebenslang gefordert, die grauen Zellen immer wieder angeregt mit einer Tätigkeit, die ihnen existenziell wichtig war, die ihnen Freude machte und in der sie Erfüllung fanden.

Begeisterung für ein Hobby sorgt für frischen Wind im Kopf.

... trotzdem lassen Hirnfunktionen nach

Man muss natürlich zugeben, dass im Alter Gehirnleistungen mehr oder weniger nachlassen. Allerdings weisen Neurobiologen heute auf drei wichtige Fakten hin:

● Das Gehirn altert nicht gleichmäßig. Betroffen sind nur ganz bestimmte Gehirnregionen. Und einige dieser Gehirnareale lassen sich durch gezieltes multisensorisches (alle Sinne ansprechendes) Üben recht gut trainieren und jung erhalten.

● Das Älterwerden des Gehirns bringt nicht nur Funktionseinbußen mit sich. Die Fähigkeit, durch reiche Erfahrung Assoziationsketten herzustellen, ist bei älteren Menschen oft besser als bei jüngeren: Sie gleichen nachlassende Verarbeitungsgeschwindigkeit im Gehirn oft dadurch aus, dass sich in ihrem Kopf Gedanken und Eindrücke rascher durch Querverbindungen vernetzen.

● Das Gehirn altert nicht nach einem starren Programm, sondern ist auch hier flexibel. Studien zeigen eindrucksvoll, wie stark der Einfluss von Gehirnübungen und Gedächtnistraining ist. Sie können den Geist um Jahrzehnte verjüngen.

Warum altert das Gehirn überhaupt?

Mit jeder ablaufenden Lebensstunde wird auch das Gehirn älter. Allerdings: Das Wunderwerk im Kopf altert anders als der übrige Körper. Alle Organe und Zellen des Organismus sind in einen permanenten Kreislauf aus Entstehen, Wachstum, Altern und Absterben eingebunden – nur das Gehirn nicht. Neuronen im Kopf können sich nämlich fast ausnahmslos nicht mehr teilen und vermehren. Allerdings konnten Forscher in einem Teil des Hippocampus Nervenzellen aufspüren die sich teilten – eine wissenschaftliche Sensation. Doch für den überwiegenden Teil der Hirnzellen gilt unverändert: Sie leben – im Idealfall – so lange wie ihr Besitzer.

Kaum Zellteilung

Alterungsfaktor 1: Hirnzellen sterben schneller

Auch wenn die Hirnzellen genetisch auf »nicht altern« programmiert sind, gehen dennoch täglich etwa vierzig- bis fünfzigtausend von ihnen zugrunde. Das fällt aber bei einem vorhandenen Neuronenvorrat von etwa hundert Milliarden nicht ins Gewicht. Es gibt jedoch Situationen, in denen Nervenzellen viel rasanter als vom Schicksal vorgesehen das Zeitliche segnen. Dafür sind vor allem drei ungünstige Bedingungen verantwortlich:

Fast unerschöpfliches Neuronenreservoir

● **Chronischer Sauerstoffmangel:** Kein anderes Organ braucht so viel Sauerstoff wie das Gehirn, kein anderes ist so von diesem Lebenselixier abhängig. Fällt die Durchblutung im Gehirn unter einen kritischen Wert, sterben überproportional viele Neuronen ab. Besonders Raucher, aber auch Zuckerkranke und Menschen mit zu hohen Blutfettwerten sind davon betroffen. Sie leiden oftmals an einer Verengung der Blutgefäße (Arteriosklerose).

● **Nährstoffdefizite:** Gerade ältere Menschen oder Junk-food-Kids ernähren sich oft einseitig. Das Gehirn braucht aber für seine tägliche Hochleistung optimalen Treibstoff. Fehlen beispielsweise Vitamine, werden die Zellmembranen der Neuronen löchrig. Auch dann leben Nervenzellen kürzer als eigentlich geplant.

● **Dauerstress:** Permanenter Zeitmangel, lang anhaltende Hektik und Anspannung haben zur Folge, dass Cortisol ins Blut ausgeschüttet wird

Cortisol: Gift
fürs Ober-
stübchen
und von dort direkt ins Gehirn gelangt, da dieses Hormon mühelos die Schutzbarriere Blut-Hirn-Schranke überwindet; und Cortisol schädigt die Nervenzellen. Der Effekt: Speziell im Erinnerungsareal Hippocampus gehen Neuronen massenweise zugrunde.

Alterungsfaktor 2: Die Hormonbalance kippt

Hormone sind die Botschafter, die über lange Strecken Nachrichten im Körper vermitteln. Sie geben auch dem Gehirn wichtige Impulse und Befehle, wirken aber (im Gegensatz zu Neurotransmittern) ebenso an anderen Organen.

Im höheren Lebensalter gerät die fein abgestimmte Hormonbalance oft aus dem Gleichgewicht. Dann können wichtige Funktionen im Kopf, wie Durchblutung und elektrochemische Reaktionen, nicht mehr optimal ablaufen.

Alterungsfaktor 3: Freie Radikale attackieren die Neuronen

Bei Stoffwechselprozessen, aber auch durch äußere Einwirkungen entstehen im Körper aggressive Sauerstoffverbindungen – so genannte »freie Radikale«. Diesen Sauerstoffmolekülen fehlt aus bestimmten biochemischen Gründen ein Atom, was sie rasend macht: Im Gegensatz zum vollständigen Sauerstoff, den das Gehirn so dringend zum Leben braucht, sind diese Moleküle Gift für die Nervenzellen. Sie wol-

WICHTIG

Freie Radikale entstehen speziell bei »oxidativem Stress«. Das ist zum einen die Einwirkung von äußeren Giften, in erster Linie Zigarettenrauch. Freie Radikale entstehen aber auch, wenn die Kraftwerke in den Zellen (Mitochondrien) Nährstoffe nur unvollständig verbrennen. Dies ist immer dann der Fall, wenn das Gehirn zu wenig intakten Sauerstoff (aus der freien Natur) bekommt. Dann beginnen die Mitochondrien nämlich zu rußen. Sie produzieren wie defekte Verbrennungsöfen giftige Rückstände, eben die »freien Radikale«. Die aggressiven Moleküle können sich vor allem dann im Gehirn ausbreiten, wenn sie keine Gegner vorfinden, wie etwa die Vitamine C und E. Diese Radikalfänger sind in der Lage, die zerstörerischen Moleküle unschädlich zu machen.

len das fehlende Atom um jeden Preis bekommen – wenn es sein muss, auch von anderen Zellen. Freie Radikale brennen Löcher in die schützenden Zellhäute der Neuronen (Membranen), dringen ins Zellinnere ein und greifen dort sogar die Erbsubstanz im Zellkern an. Bis zu einer bestimmten Belastungsgrenze kann die Zelle diese Angriffe aushalten, dann gibt sie sich geschlagen. Sie wird löchrig, der Zellkern arbeitet nicht mehr richtig, die Zelle stirbt.

So bleibt das Gehirn topfit!

Die Erkenntnisse über die Faktoren, die das Gehirn altern lassen, führen zu ganz einfachen und klaren Empfehlungen, wie man sein Gehirn jung erhalten kann. Wenn es durch körperliche Bewegung genug Frischluft bekommt, baden die Neuronen geradezu in belebendem Sauerstoff. Gleichzeitig verbrennen die Mitochondrien die Nährstoffe rückstandfrei, so dass weniger freie Radikale entstehen. Wird der Kopf reichlich mit Vitaminen versorgt, schützen diese Vitalstoffe die Zellmembranen vor den Angriffen der aggressiven Sauerstoffmoleküle. Und wenn Sie regelmäßig Stress abbauen, etwa durch Entspannungsübungen oder die Techniken des »Detox« (siehe S. 104), kann auch Cortisol seine zerstörerische Wirkung gar nicht erst entfalten.

Qi-Gong-Übungen: Das ist Entspannung pur.

Regelmäßiges Joggen baut Stress ab und schützt so die Nervenzellen.

Mentaler Jungbrunnen: Neugier, Spannung, Lebensfreude

Untersuchungen der modernen Hirnforschung zeigen im Gegensatz zu früheren Annahmen: In etwas verringerter Geschwindigkeit bleibt die Plastizität des Gehirns ein Leben lang bestehen. Noch mit neunzig kann ein neugieriger und interessierter Geist neue Nervenverbindungen knüpfen. Neugier und die Lust auf neue Erfahrungen, die Freude, etwas Interessantes zu tun, und die Fähigkeit, eine positive Spannung ins Leben zu bringen – das sind Eigenschaften, die in jedem Lebensalter neue Synapsen, Dendriten sowie Nervenwachstumsfaktoren entstehen lassen. Wenn nötig, hundert Jahre lang und länger.

Vier Märchen vom Gehirn

Einige Legenden über das Gehirn halten sich hartnäckig, obwohl die moderne Hirnforschung sie widerlegt.
● »Im Alter baut das Gehirn ab. Man wird automatisch vergesslich.«
Falsch. Mit hundert Jahren hat man noch siebenundneunzig Prozent intakte Gehirnzellen. Wenn der Geist im höheren Alter abbaut, dann liegt das ganz überwiegend an Störungen der Hirndurchblutung oder verschlechterter Funktion der Neurotransmitter an den Synapsen. Beidem können Sie in den meisten Fällen wirksam begegnen, nämlich

durch körperliche Bewegung, Verzicht auf Rauchen und cleveres Brainfood.

Stets einsatzbereite Gehirnareale

- »Das Gehirn wird nur zu zehn bis höchstens zwanzig Prozent genutzt«. Stimmt nicht. Es gibt kein Hirnareal, in dem lebenslang Totenstille herrscht. Das Gehirn arbeitet wie ein eingespieltes Eishockeyteam – alle Spieler sind wichtig und jederzeit einsatzbereit, auch wenn nicht alle gleichzeitig auf dem Eis sind.

- »Hirnzellen können nicht nachwachsen. Wenn einmal ein Hirnbereich geschädigt ist, muss man sich damit abfinden.« – Doppelt falsch. Aufsehen erregende Forschungsergebnisse zeigten, dass sogar bei Erwachsenen Gehirnzellen nachwachsen können. Dies ist aber, zugegeben, eine exotische Beobachtung mit wenig praktischer Bedeutung. Viel wichtiger ist: Auch vollständig zerstörte Hirnbereiche können wieder belebt werden – indem andere Neuronen die Aufgaben der abgestorbenen Kollegen übernehmen. Bestes Beispiel: die Situation nach einem Schlaganfall. Sogar Menschen, die durch diese Hirnschädigung halbseitig gelähmt und sprachunfähig sind, können wieder gehen, greifen und sprechen lernen. Voraussetzung: willensstarkes Training.

- »Ins Langzeitgedächtnis gespeicherte Erinnerungen sind dort für immer abgelegt, wie in Stein gemeißelt.« Falsch! Gedanken- und Gefühlsinhalte im Langzeitgedächtnis sind tatsächlich relativ beständig, weil sie biochemische Spuren an den Neuronen hinterlassen. Aber aktuelle Forschungen zeigen: Auch Gedächtnis und Erinnerung sind dynamisch. Das Gehirn kann sogar lang zurückliegende Erinnerungen verändern, hervorholen, verblassen lassen oder irgendwann löschen. Entscheidend ist, welche emotionale Rolle die Dinge spielen und wie fit das Gehirn insgesamt ist. Ein träger Kopf speichert auch Gedächtnisinhalte schlecht.

Warum kreative Hobbys jung machen

Jazzlegende Oscar Peterson: Erfolg trotz Schlaganfall

Die Jazzlegende Oscar Peterson erlitt 1994 einen Schlaganfall. Seitdem ist sein linker Arm beeinträchtigt. Dennoch feiert er weiterhin in Konzerten Triumphe – mit den ersten Tönen verwandelt er sich in einen jungen Gott. Der vielleicht brillanteste Pianist der Jazzgeschichte reiht in seinen genialen Konzerten virtuose Klavierpassagen aneinander – und er spielt auswendig. Wenn er die Bühne verlässt, tobt das Publikum vor Begeisterung. In diesen Momenten wirkt Oscar Peterson, als sei er Anfang dreißig.

Was aber tun die Unmusikalischen? Keine Sorge: Auch andere Hobbys können das Gehirn fit halten – entscheidend ist: Sie müssen sich für ein Thema wirklich begeistern. Dann wirkt Ihr Hobby wie Treibstoff auf die Neuronen und den Hirnstoffwechsel.

Powerdroge Begeisterung

Faszinierende Untersuchungsergebnisse zu diesem Thema fand die Neurobiologin Isabel Gauthier von der Vanderbilt-Universität in Nashville/Tennessee in den USA heraus. Sie untersuchte den Einfluss von liebevoll und mit hohem Zeitaufwand ausgeübten Hobbys auf das Gehirn. Dazu steckte sie langjährige begeisterte Amateur-Vogelkundler (Ornithologen), kundige Münzsammler und leidenschaftliche Oldtimerfans in einen so genannten funktionellen Kernspintomographen. Mithilfe von Kontrast-

Hobbys sind wahre Jungbrunnen für die grauen Zellen.

mittel ließen sich bei diesen Untersuchungen die Gehirnaktivitäten farbig und sehr differenziert darstellen.

Steckenpferde lassen es im Kopf blitzen

Die Forscherin fand eine geradezu explosive Neuronen-Tätigkeit in einem kleinen Gebiet mit dem exotischen Namen *functional facial area* – FFA.

Bisher glaubte man, dieses Hirnareal sei nur für bestimmte visuelle Wahrnehmungsaufgaben zuständig. Doch bei der Untersuchung zeigte sich: Wann immer die Probanden mit ihrem Hobby konfrontiert waren, blinkte und blitzte das FFA im Kernspin. Gleichzeitig leuchteten weitere Hirnbereiche auf, die offenbar mit dem FFA über Nervenbahnen in Verbindung stehen. Das Verblüffendste aber: Die

Musiker trainieren ihr Gehirn »multisensorisch«

Wie kommt es, dass kreative Menschen und speziell Musiker so lange geistig topfit sind? Professor Frank Wilson, US-Neurologe und Musikspezialist am KP-Medical Center in Kalifornien, hält Musizieren für das geradezu klassische Beispiel eines multisensorischen Gehirntrainings.

Der Begriff »multisensorisch« bedeutet: Mehrere Sinnesqualitäten, Reaktionsmuster und Hirnzentren sind gleichzeitig beteiligt. Deshalb absolvieren Musiker ein optimales Training nicht nur für die Hände, auch für den Kopf. Sie trainieren nicht nur ihr Gehör, sondern ebenso die Hörzentren und akustischen Bahnen im Gehirn, wenn sie ihre Stücke einstudieren.

Das akustische Gedächtnis ist gefordert, sobald sie auswendig spielen. Zugleich bedeuten gerade Tasten- oder Streichinstrumente eine subtile Herausforderung für die Feinmotorik. Außerdem verbessern Musiker ihre Konzentration, weil der Einsatz genau auf die Sekunde erfolgen muss. Und die emotional bewegende Musik regt nicht zuletzt das Limbische System zur Aktivität an.

Hirnaktivität stieg immer dann dramatisch an, wenn den Untersuchungsteilnehmern Bilder oder Filmausschnitte aus ihrem Hobbybereich gezeigt wurden.

Fazit: Das Gehirn gleicht einer Werkzeugkiste

Gauthier zieht aus ihren Untersuchungen folgenden Schluss: »Unser Gehirn ist keine Maschine, bei der bestimmte Teile immer dasselbe tun. Vielmehr gleicht das Gehirn einer Werkzeugkiste, aus der wir ganz nach Bedarf die Instrumente entnehmen können, die wir gerade am dringendsten zum Denken und Fühlen brauchen.«

Der Kopf ist unglaublich flexibel

Andere Hirnforscher ziehen daraus richtungweisende Empfehlungen: Es ist gar nicht so wichtig, *womit* wir unser Gehirn beschäftigen, sondern, *dass* wir es beschäftigen. Denn das Gehirn ist flexibel. Fordert man es mit dem Erkennen von Oldtimern, dann baut es neue Datenautobahnen. Studiert man Singvögel, dann tut es das Gleiche.

Power-training für Ihr Gehirn

Was ist eigentlich Intelligenz?
Die überraschende Antwort:
Es gibt ganz unterschiedliche
Arten, klug zu sein. Doch eines
ist allen gemeinsam: Man
kann sie selbst in Topform
bringen.
Gönnen Sie Ihren grauen Zellen immer wieder neue Erfahrungen. Dann knüpft Ihr Gehirn
neue Nervenbrücken und baut
so das Netz seiner Datenautobahnen aus.
Das modernste Gehirntraining
spricht alle Sinne an: So lernt
der Geist spielerisch, verblüffende Informationen zu verarbeiten. Dies ist Gehirntraining
der Luxus-Klasse: wirksam,
sinnlich und mit hohem
Spaßfaktor!

In jedem steckt ein Superhirn!

Wenn der spanische Flamencotänzer Joaquin Cortés über die Bühne wirbelt, schmelzen die Frauenherzen, und die Männer schauen neidisch. Der gebürtige Katalane tanzt den Flamenco mit unvergleichlicher Körperbeherrschung: Er wirbelt, schwebt, gleitet, stampft und dreht sich scheinbar schwerelos.

Ein grandioser Tänzer – doch ist er deshalb auch besonders intelligent? Moderne Psychologen und Hirnforscher meinen: zweifellos. Seine Bewegungsintelligenz setzt ebenso viele komplizierte Koordinationsleistungen im Gehirn voraus wie das Lösen schwieriger Rechenaufgaben und anderer abstrakter Denkleistungen.

Eine schlaue Frage …

… was ist eigentlich Intelligenz? Über die Antwort zerbrechen sich Neurowissenschaftler und Psychologen bis heute die Köpfe. Der Schweizer Entwicklungspsychologe Jean Piaget definierte Intelligenz als das Potential, welches man einsetzt, wenn man sich in einer unbekannten, unvorhergesehenen Situation zurechtfinden muss. Oder: Intelligenz ist die Kraft im Kopf, die uns in einer schwierigen Lage Lösungen finden lässt.

In einem Punkt sind sich Psychologen und Hirnforscher jedoch einig: Intelligenz kann man trainieren. Ein Intelligenzmerkmal ist es, Unvorhergesehenes zu meistern – und zwar möglichst schnell.

Intelligenz verhilft zu Lösungen

Bewegungsintelligenz pur: Joaquin Cortés.

Die acht Gesichter der Intelligenz

Der US-Bewusstseinsforscher Howard Gardner unterscheidet

acht Formen der Intelligenz. Die folgenden Persönlichkeiten liefern charakteristische Beispiele für die jeweilige Intelligenzform:

- **Albert Einstein** (1879-1955) entwickelte die Relativitätstheorie und revolutionierte damit die Vorstellung von Raum und Zeit. Das Physikgenie verkörperte geradezu die **mathematisch-logische Intelligenz**.
- **Sir Norman Foster** ist der Architekt des neuen Reichstags in Berlin und einer der profiliertesten Städteplaner und Architekten unserer Zeit. Ungewöhnliche **räumlich-visuelle Intelligenz** ist eine Voraussetzung für diese Leistungen.
- Der **Dalai-Lama**, die geistige Autorität Tibets, wird von seinen Anhängern sogar als Gott verehrt. Er verfügt über hohe **spirituelle Intelligenz**.
- **Charles Darwin** (1809-1882) ist der Vater der Evolutionstheorie. Das weist ihm einen Platz unter den Menschen mit besonderer **Fähigkeit zur Naturerkenntnis** zu.
- **Ludwig van Beethoven** (1770-1827) vertonte den Kampf, das Leiden und den Sieg des Individuums in seinen Symphonien. Seine brillante **musikalische Intelligenz** kam auch in Streichquartetten und anderen Musikschöpfungen zum Ausdruck.
- **Günter Grass**, Nobelpreisträger für Literatur 1999. Seine subtilen Wortschöpfungen weisen ihn als Menschen mit spezieller **sprachlicher Intelligenz** aus.
- **Joaquin Cortés** gilt als bester Flamencotänzer der Welt – Zeichen mitreißender **Bewegungsintelligenz**.
- **Mutter Teresa** (1910-1997) engagierte sich für die Ärmsten in den Slums von Kalkutta. Sie verfügte über eine besondere **soziale Intelligenz**.

Umstrittener Grips-TÜV

Der Franzose Alfred Binet entwickelte 1905 den ersten Intelligenztest. Im Lauf der Jahre verfeinerten Psychologen ihn immer mehr. Heute kundschaften sie mit dem IQ-Test logisches Denken, räumliche Vorstellungskraft, Sprachvermögen und Rechnen aus, aber auch die Fähigkeit, spontan Ideen zu entwickeln. IQ 100 ist guter Durch-

Klassiker: Der Intelligenztest von Binet

TIPP!

Vermeiden Sie Routine, und konfrontieren Sie Ihren Kopf immer wieder mit Neuem und Überraschendem. Dies ist das beste Intelligenztraining. Denn dann verstärkt das Gehirn die elektrischen Schaltkreise und kennzeichnet die Nervenkreuzungen durch biochemische Molekülmarker (Lesezeichen).

Ein IQ von 110: guter Durchschnitt

schnitt. Wer es auf einen IQ von 90 bis 110 bringt, ist normal begabt. Das sind – nach Hochrechnungen von Experten – fünfzig Prozent der Bevölkerung. Offensichtlich steigen auch Charisma und Attraktivität – wie die stolz präsentierten IQ-Daten von Hollywoodstars zeigen.

Hollywood zeigt Köpfchen

Intelligenz gilt in den USA längst als kultig und sexy. Deshalb sind Prominente dort geradezu gierig danach, ihren IQ messen zu lassen und dann der ganzen Welt das (gute) Ergebnis bekannt zu geben. Wo früher Größen- und Stilmerkmale eines makellossinnlichen Bodys auf dem Laufsteg der Eitelkeiten präsentiert wurden, zeigen US-Stars heute Köpfchen. Sie messen sich dabei selbstbewusst sogar an den Geistesgrößen unserer Zeit. Hier einige IQ-Werte:

- **Sharon Stone – IQ 154.** Sie hat viel mehr als »Basic Instinct« im Kopf: Die Hollywoodschauspielerin paart Sexappeal mit messerscharfem Verstand.
- **Sylvester Stallone – IQ 141.** Überraschend viel Grips über dem Bizeps: »Rambo« flog zwar von zwölf Schulen und gilt seinen Fans immer noch als Inbegriff raubeinigen Machotums. Doch dass der Star auch andere

Seiten hat, bewies er im IQ-Test: Er gehört zu den klügsten der Leinwand.

- **Jodie Foster – IQ 140.** Die attraktive Schauspielerin (»Das Schweigen der Lämmer«) machte mit 18 ein Top-Examen an der Eliteuniversität Yale, mit 28 hatte sie bereits zwei Oscars. Den höchsten gemessenen IQ der Welt hat die New Yorker Unternehmensberaterin Marilyn vos Savant. Sie liegt mit einem IQ von 228 konkurrenzlos an der Spitze. Der britische Astro-

Zwei helle Köpfe auf dem Weg zur Oscar-Verleihung: Sharon Stone und Jodie Foster.

physiker und Autor des Buches »Das Universum in der Nussschale«, Stephen Hawking, bringt es auf einen IQ von 170. Computergenie Bill Gates, der schon mit vierzehn Unternehmer war und heute als Mister Windows Milliarden scheffelt, hat einen IQ von 160.

Emotionale Intelligenz

Doch nicht allein der IQ entscheidet über den Erfolg im Leben. Im Jahr 1995 machte das Buch *Emotionale Intelligenz* den amerikanischen Psychologen David Goleman schlagartig bekannt. Ihm zufolge kennzeichnen die nachfolgenden Eigenschaften einen emotional intelligenten Menschen:

● Er erkennt seine Gefühle, hält seine Stimmungen unter Kontrolle und schiebt Belohnungen – etwa während Stressphasen – hinaus.

● Dieser Mensch kann sich in andere hineinversetzen und ist in der Lage, ihre – auch unbewussten – Motivationen zu erkennen und mit ihnen zu fühlen.

● Er motiviert sich selbst immer wieder und gibt nach Enttäuschungen nicht gleich auf.

● Wer emotional intelligent ist, wirkt überzeugend, charmant und bringt es fertig, seine Ziele durchzusetzen. Er gewinnt fast immer, ohne dass sich die anderen als Verlierer fühlen.

Erfolg durch Gefühlsintelligenz

Sexuelle Intelligenz

Ein Schlagwort macht Karriere. Der Begriff »sexuelle Intelligenz« suggeriert zwei einfache Wege zum (Liebes-)Glück. Erstens: Man kann ein erfüllteres Liebesleben lernen wie Schach oder Algebra. Zweitens: Dazu gehört ein cleverer Kopf. – Nur: Wie gelangt man auf den Gipfel neuer Erfahrungshöhepunkte? Die Ratschläge der beiden US-Psychologen Conrad und Milburn, Schöpfer des Slogans »Sex-Intelligenz« und Autoren des dazugehörigen Buches, können uns

Intelligente Gefühle für den Erfolg

Ob Sie sich beruflich durchsetzen, privat beliebt sind oder ob Ihre Beziehung(en) glücklich verlaufen – all das entscheidet sich nach Auffassung des amerikanischen Psychologen Goleman anhand der emotionalen Intelligenz. Seine These: Die Intelligenz der Gefühle bestimmt noch stärker als Verstand und IQ den Erfolg im Leben.

leider nicht befriedigen. Sie legen dem Leser meterlange Fragebögen vor mit tief schürfenden Fragen wie: »Schlafen Sie mit einem neuen Partner a) nur mit Kondom, b) immer ohne, c) egal?« Die richtige Antwort lautet a. – Wissen wir jetzt mehr als vorher? Sehr viel konkreter erklärt uns Dr. med. Thomas Lohmann, Chefarzt der Pychosomatischen Nexus-Klinik, Baden-Baden, den Weg zum »Sex mit Köpfchen«. Seine Tipps:

1. Schreiben Sie Ihre erotische Autobiographie, und leiten Sie daraus Ihre authentischen Bedürfnisse ab.
- Welche Erfahrungen im Bett haben Sie geprägt?
- Welche Erlebnisse waren besonders intensiv und beglückend?

Eine Affäre am Arbeitsplatz einzugehen, sollte man sich gut überlegen.

- Welche waren überflüssig oder demütigend?
- Welche Erfahrungen möchten Sie unbedingt, welche nie wiederholen? Wie können Sie dazu die richtigen Weichen stellen?
- Welche bisher unbekannten Erfahrungen möchten Sie unbedingt machen?
- Gibt es unerfüllte erotische Träume?

2. Formulieren Sie klar Ihre Ziele – speziell zu Beginn einer neuen Liebe. Stellen Sie sich einige Kernfragen, und leiten Sie Ihre persönlichen »Dont´s« daraus ab.
- Werden in dieser sexuellen Beziehung meine Sehnsüchte und Vorlieben erfüllt? Wenn ja: prima. Wenn nein: Finger weg.
- Könnte mich dieses sexuelle Abenteuer in irgendeiner Weise verletzen? Ja? Dann lassen Sie es!
- Gibt es in dieser erotischen Begegnung (selbst-)zerstörerische Muster, die mich schon öfter in meinem Leben leiden ließen? Hier gilt dreimal: Finger weg!
- Welche Gefühle wird diese Erfahrung in erster Linie bei mir auslösen? Freude, Glück? Dann ist es okay. Oder Unbehagen, Zweifel, schlechtes Gewissen? Verzichten Sie besser!
- Gefährde ich durch diese Liebschaft eine eigentlich intakte bestehende Beziehung? Das ist es nicht wert.

Test
Wie fit ist Ihr Kopf?

Mit diesen 66 Testfragen können Sie Ihre aktuelle geistige Fitness auf den Prüfstand stellen. Testen Sie unter anderem Ihr Sprachgefühl, Ihre Merkfähigkeit, aber auch Ihre räumliche Vorstellung und Ihr Allgemeinwissen.
Die Fragestellung ist jeweils kurz erläutert. Die Zeit, die Ihnen dabei zur Verfügung steht, variiert und ist jeweils angegeben. Die Auswertung finden Sie auf Seite 53.

Wortverständnis
Gesucht ist das passende Wort. Pro Frage: 15 Sekunden Zeit. Pro Lösung: 5 Punkte.

1. Das Gegenteil von stark ist
a) ängstlich   c) langsam
b) schwach   d) untrainiert

2. Das Gegenteil von Liebe ist
a) Missgunst   c) Eifersucht
b) Scheidung   d) Hass

Gemeinsamkeiten
Vier Wörter sind vorgegeben. Wählen Sie die *beiden* Worte aus, die zu einem gemeinsamen Oberbegriff passen. Zeit: 30 Sekunden.

3. Zusammen gehören:
a) Küche   c) Leibgericht
b) Löffel   d) Messer

4. Zu einem Oberbegriff passen:
a) Haus   c) Wiese
b) Garten   d) Palast

Wählen Sie das Wort aus, das nicht zu einem gemeinsamen Oberbegriff passt.

5. Die falsche Sportart ist:
a) Tennis   c) Reiten
b) Polo   d) Handball

6. Welches Instrument passt nicht?
a) Cello   c) Geige
b) Oboe   d) Kontrabass

Erkennen
7. Welche vier Tiere verbergen sich hinter diesem Buchstabensalat? Pro Frage: 60 Sekunden Zeit. Pro Lösung: 10 Punkte.
a) Klecad   c) Eklainp
b) Lokdiork   d) Slesord

8. Hier verstecken sich vier sinnvolle Worte. Sie haben wieder eine Minute Zeit.
a) Izmerm   c) Lilagrota
b) Neuzasch   d) Pnelpa

Analogien bilden
Zwischen dem ersten und zweiten Wort besteht eine Beziehung. Suchen Sie den Begriff heraus, der sich zum dritten Wort genauso verhält. Pro Frage: 15 Sekunden Zeit. Pro Lösung: 5 Punkte.

9. »Kurz : lang« verhält sich wie »schön : ?«
a) verdreht   c) hässlich
b) strahlend   d) missmutig

10. »Behaupten : beweisen« verhält sich wie »glauben : ?«

a) hinterfragen   c) besagen

b) annehmen   d) wissen

11. »Auto : Benzin« verhält sich wie »Flugzeug : ?«

a) Fliegen   c) Kerosin

b) Treibstoff   d) Auftrieb

12. »Fluss : Bach « verhält sich wie »rennen : ?«

a) sitzen   c) trödeln

b) gehen   d) langweilen

Zahlenspiele

Setzen Sie die folgenden Zahlenreihen um drei Zahlen fort. Zeit: jeweils 30 Sekunden.

13.   4 6 8 10 12 14 ...

14.   7 14 28 56 112 ...

Bei den nächsten Fragen ist keine Antwort vorgegeben. Sie steht auf der Lösungsseite. Zeit: jeweils 60 Sekunden.

15. Wenn in einer Spielzeugfabrik 20 Maschinen 10.000 Sandkasteneimer in sechs Tagen erzeugen, wie viele Maschinen können dann 1000 Eimer an einem halben Tag herstellen?

16. Paul hat üppig geerbt und baut sich einen Swimmingpool in den Garten. Insgesamt soll das Minischwimmbad 300 Kubikmeter Wasser fassen, zehn Meter lang und drei Meter tief sein – schließlich soll man einen Kopfsprung machen können. Wie breit wird der Pool?

17. Peter, Michael und Gerd treffen sich. Peter hat zwei Flaschen Prosecco zu je 9 Euro, Michael zwölf Sandwiches zu je einem Euro mitgebracht. Gerd kommt nach einem Stresstag ohne Präsent. Sie vereinbaren, die Ausgaben zu teilen. Alle drei essen und trinken gleich viel, nur Michael mag keinen Prosecco. Wie viel Geld muss Gerd insgesamt an beide Freunde bezahlen?

Merkfähigkeit

Sehen Sie sich die folgenden Zahlen genau an, decken Sie das Blatt ab und schreiben Sie die Ziffern aus dem Gedächtnis auf. Zeit: zwei Minuten. Pro richtiger Zahl: fünf Punkte. Bei einem Fehler zählen die folgenden Zahlen nicht mehr.

18. Neun Einunddreißig Siebzehn Fünfundzwanzig Hundertundzwei Elf Achtundachtzig Sieben Fünfundvierzig Sechs Dreihundertneun Zweiundsiebzig

19. Dasselbe mit diesen zweistelligen Zahlen: 16 48 54 76 29 22 79 11

20. Und mit diesen dreistelligen Zahlen: 234 564 768 958 483 959

Sie haben zwei Minuten Zeit, sich die folgenden Wörter einzuprägen. Abdecken, dann schreiben Sie die Worte in der richtigen Reihenfolge nieder. Pro richtigem Wort: fünf Punkte. Sobald Sie patzen, ist das Spiel vorbei.

21. Gießkanne Maulesel Rockzipfel Rasierapparat Zehneuroschein Lippenstift Handtasche

Kopiergerät Kugelschreiber Schlittenhund
Bleistift Fahrrad Handtuchhalter Mosaik
Zigarette Schreibblock Eisbeutel

22. Sie haben zwei Minuten Zeit, sich die nachfolgende Reiseroute einzuprägen. Schreiben Sie anschließend die einzelnen Orte der Strecke in der richtigen Reihenfolge auf. Pro richtigem Ort: fünf Punkte. Wenn Sie einen Routenpunkt auslassen, ist das Spiel vorbei.
Starnberg – München – Freising – Ingolstadt – Nürnberg – Erlangen – Bamberg – Coburg – Kronach

23. Sie haben zwei Minuten Zeit, sich die nachfolgenden Spielkarten einzuprägen. Versuchen Sie nun, diese aus dem Gedächtnis niederzuschreiben. Jeweils fünf Punkte. Die Reihenfolge der Karten ist diesmal egal.
Herzkönig – Piquezehn – Herzneun – Karosechs
Kreuzdame – Piquevier – Kreuzkönig – Karodrei
Herzzwei – Piquefünf – Kreuzzehn – Karobube
Karosieben – Piqueacht – Herzvier – Herzfünf
Karovier – Herzdrei – Kreuzfünf – Piquedame

Logik + Reihen
Suchen Sie den richtigen Wochentag. Zeit: jeweils 60 Sekunden. Pro Lösung: fünf Punkte.

24. Wenn fünf Tage vor gestern Freitag war, welcher Tag wird morgen sein?

25. In drei Tagen wird es genau eine Woche und zwei Tage her sein, dass es Donnerstag war. Welcher Tag wird übermorgen in vier Tagen sein?

Die folgenden kleinen Geschichten schildern jeweils eine skurrile Situation, an die sich eine Frage anschließt. Pro Frage: 60 Sekunden Zeit. Pro Lösung: 10 Punkte.

26. Wenn alle Dackel Englisch können und eine Brille tragen und alle Fische, die verreisen, Dackel sind, tragen Fische im Urlaub dann eine Brille?

27. Können dann alle Fische Englisch?

28. Wenn alle Löwen eine Mähne haben und aus Bayern stammen und alle lispelnden Frösche Löwen sind, haben alle Frösche mit Sprachfehler dann eine Mähne?

29. Und sind sie bayerischer Herkunft?

30. Wenn alle Autos rot sind und fliegen können und alle Motorboote, die verkehrt herum fahren, Autos sind, sind Motorboote im Rückwärtsgang dann immer rot?

31. Können dann alle Motorboote fliegen?

Die folgenden Situationen sind aus dem Alltagsleben gegriffen. Pro Frage: 60 Sekunden Zeit. Pro Lösung: 5 Punkte.

32. Wessen Musik ist die lauteste?
Achim hat seine Stereoanlage aufgedreht, aber leiser als Mark. Mark hört lauter Musik als Petra. Petra hat die Anlage auf derselben Lautstärke wie Angelika. Angelika hat den Klangregler der Anlage lauter eingestellt als Achim. Wer hört am lautesten Musik?

Räumliche Vorstellung

Sie sehen im Folgenden Gruppen geometrischer Figuren. Sie müssen sie zuordnen und in die richtige Gruppe einpassen. Pro Frage: 60 Sekunden Zeit.

33. Sie sehen ein Rechteck mit acht Figuren. Welcher der neun Lösungsvorschläge passt als Einziger in das freie neunte Feld?

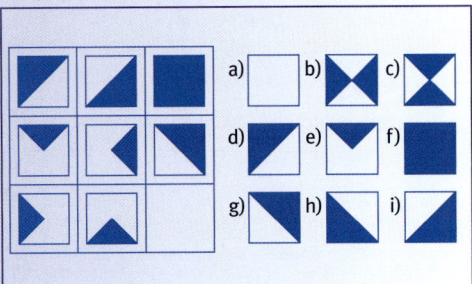

34. Welcher der vier dargestellten Körper kann aus der Faltvorlage links gebildet werden?

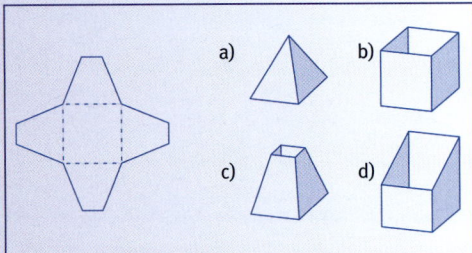

35. Rechts oben sehen Sie sechs Bilder in Gruppe A und sechs Bilder in Gruppe B. Ordnen Sie die Auswahlbilder der jeweils richtigen Gruppe A oder B zu.

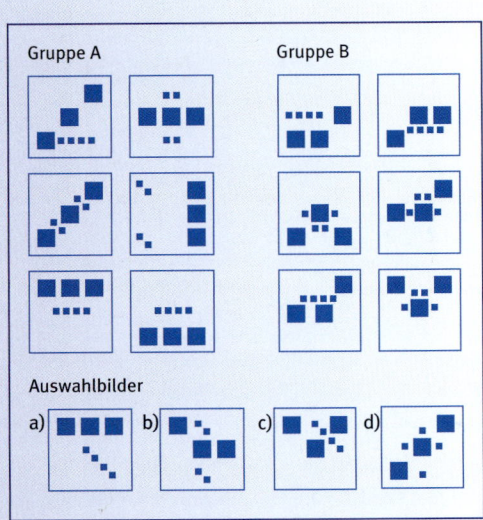

Möglichkeiten

In den folgenden Situationen bieten sich scheinbar mehrere Möglichkeiten an. Es gibt aber nur eine richtige Antwort. Pro Frage: 60 Sekunden Zeit.

36. Es ist völlig unmöglich, dass ein Mensch
a) länger als fünf Minuten die Luft anhält
b) geklont ist
c) keine Energie verbraucht
d) nichts isst
e) sich schneller fortbewegt als ein Gepard

37. Es ist völlig unmöglich, dass eine Schallwelle
a) mehrfach reflektiert wird
b) umgeleitet wird
c) stärker wird
d) schneller ist als Licht
e) lauter ist als Donner

Monika   **Peter**   **Sabine**

Karsten   **Anna**   **Paul**

Gesichter merken

Prägen Sie sich drei Minuten diese Personen mit ihren Namen ein. Dann decken Sie die Bilder ab und beantworten die folgenden Fragen:

38. Oben rechts ist Anna abgebildet.
☐ ja   ☐ nein

39. Karsten sieht eher traurig in die Kamera.
☐ ja   ☐ nein

40. Oben rechts steht Paul. Er hat eine Halbglatze.
☐ ja   ☐ nein

41. Anna lacht glücklich.
☐ ja   ☐ nein

42. Paul trägt ein grünes Polohemd.
☐ ja   ☐ nein

43. Sabine hat kurze Haare und ein blaues T-Shirt an.
☐ ja   ☐ nein

44. Anna hat einen Zopf, Monika dagegen trägt ihre Haare offen.
☐ ja   ☐ nein

45. Peter trägt einen Schal.
☐ ja   ☐ nein

46. Peter und Paul sind gleich alt.
☐ richtig   ☐ nicht richtig

47. Monika und Anna sind blond.
☐ richtig   ☐ nicht richtig

Kreative Ideen

Bei den folgenden Aufgaben brauchen Sie Papier und Stift. Für jede gelungene Idee (Sie sind Ihr eigener Punktrichter) gibt es zehn Punkte.

48. Schreiben Sie auf, was alles passieren würde, wenn jeder Tag in Deutschland ein 30 °C heißer Sommertag wäre.

49. Schreiben Sie alles auf, was weich ist.

50. Schreiben Sie alles auf, was lila ist.

51. Nennen Sie runde Gegenstände.

Wissen

52. Im Jahr 2002 bekam erstmals eine schwarze Schauspielerin den Oscar verliehen. Welche war es?:
a) Nicole Kidman
b) Whoopi Goldberg
c) Halle Berry
d) Sharon Stone

53. Ein Minister hat es geschafft, dass eine neue Form der zusätzlichen Altersversorgung seinen Namen trägt. Sie heißt im Volksmund:
a) Förster-Promotion
b) Riester-Rente
c) Kohl-Spende
d) Schröder-Bonus

54. Ein italienischer Tanz ist nach einer Spinnenart benannt, nach deren Biss man angeblich verrückt wird und wie entfesselt bis zum Tode tanzt. Bei dem Tanz handelt es sich um:
a) Quickstep
b) Tarantella
c) Samba
d) Pulcinella

55. Die östlichste Insel der Kleinen Antillen hat die Hauptstadt Bridgetown. Die Insel heißt:
a) Bahamas
b) Bermudas
c) Jamaica
d) Barbados

56. In der Kunst- und Musikgeschichte folgte auf das Barock eine Epoche spielerischer Leichtigkeit, die sich in Bauwerken, Malerei und Musik gleichermaßen ausdrückte. Sie heißt:
a) Renaissance
b) Rokoko
c) Biedermeier
d) Jugendstil

57. Litauen ist einer der drei baltischen Staaten. Die Hauptstadt ist:
a) Riga
b) St. Petersburg
c) Vilnius
d) Murmansk

58. In der Physik gibt es eine Maßeinheit für eine Schwingung pro Sekunde. Man nennt sie:
a) Watt
b) Volt
c) Hertz
d) Ampere

59. Bereits im 14. Jahrhundert erkannte ein mutiger Astronom, dass nicht die Erde im Zentrum unseres Planetensystems steht, sondern die Sonne. Dieser Wissenschaftler war:
a) Nikolaus Kopernikus
b) Galileo Galilei
c) Albert Einstein
d) Isaac Newton

60. Der 16. Präsident der USA trat engagiert für die Beseitigung der Sklaverei ein. Er löste damit den amerikanischen Bürgerkrieg aus. Bei diesem Präsidenten handelt es sich um:
a) George Washington
b) Thomas Jefferson
c) Abraham Lincoln
d) Theodore Roosevelt

61. In der Renaissance gehörte Venedig zu den blühenden Handelsmetropolen. An ihrer Spitze stand der:
a) Fürst
b) Erzherzog
c) Papst
d) Doge

62. Im Jahre 1990 gewann Deutschland die Fußballweltmeisterschaft durch Elfmeterschießen. Der Torschütze zum Siegtreffer hieß:
a) Lothar Matthäus
b) Andreas Brehme
c) Guido Buchwald
d) Franz Beckenbauer

63. Tee kam im 17. Jahrhundert erstmals nach Europa, und zwar aus:
a) China
b) Ceylon
c) Indien
d) Indonesien

64. Die drei Tenöre feierten in den vergangenen Jahren Welterfolge vor einem Millionenpublikum. Nur einer von ihnen stammt aus Verdis Mutterland Italien, und zwar:

a) Placido Domingo
b) Jose Carreras
c) Luciano Pavarotti
d) Enrico Caruso

65. Einer der Romane Thomas Manns ist in einem Sanatorium für Lungenkranke in Davos angesiedelt. Es handelt sich um:
a) Buddenbrooks
b) Der Zauberberg
c) Königliche Hoheit
d) Jenseits von Eden

66. Der viertgrößte Planet unseres Sonnensystems ist:
a) der Mars
b) die Venus
c) die Erde
d) der Jupiter

Auflösung:
Frage 1 bis 6 jeweils 5 Punkte pro richtiger Antwort: 1. b) schwach; 2. d) Hass; 3. b) Löffel und d) Messer (Oberbegriff Besteck); 4. a) Haus und d) Palast (Oberbegriff Gebäude); 5. c) Reiten (Oberbegriff Ballsport); 6. b) Oboe (Oberbegriff Streichinstrumente).
Frage 7 und 8 jeweils 10 Punkte pro richtiger Antwort: 7. Dackel, Krokodil, Pelikan, Drossel; 8. Zimmer, Schnauze, Alligator, Lappen.
Frage 9 bis 17 jeweils 5 Punkte pro richtiger Antwort: 9. c) hässlich; 10. d) wissen; 11. c) Kerosin; 12. b) gehen; 13. Lösung 16, 18, 20; 14. Lösung 224, 448, 896; 15. Vierundzwanzig Maschinen; 16. Zehn; 17. Gerd muss 4 Euro an Michael und 9 Euro an Peter zahlen.

Die Lösungen der Fragen 18 bis 23 erstellt jeder Teilnehmer selbst. Je 5 Punkte pro richtiger Antwort. Bei einem Fehler zählen die nachfolgenden Antworten nicht mehr.
Frage 24 und 25 jeweils 5 Punkte pro richtiger Antwort: 24. Freitag; 25. Montag.
Frage 26 bis 31 jeweils 10 Punkte pro richtiger Antwort: 26. Ja; 27. Nein (nur die Fische, die verreisen); 28. Ja; 29. Ja; 30. Ja.; 31. Nein.
Frage 32 bis 66 erhält jeweils 5 Punkte pro richtiger Antwort bzw. notiertem Begriff: 32. Mark; 33. h; 34. c; 35. a+d = Gruppe A, b+c = Gruppe B; 36. c; 37. d; 38 bis 51: Die Lösungen ergeben sich aus den Fotos bzw. den eigenen Ideen. 52. c; 53. b; 54. b; 55. d; 56. b; 57. c Vilnius; 58. c; 59. a; 60. c; 61. d; 62. b; 63. a; 64. c; 65. b; 66. a.

Test-Auswertung: Wie fit ist Ihr Kopf?

Ihr Ergebnis:

0 bis 75 Punkte:
Das haben Sie wahrscheinlich schon beim Test gespürt: Es lief nicht ganz so wie gewünscht. Auch wenn die mentale Leistung von der Tagesverfassung abhängig ist und Sie deshalb den Test-Flop nicht überbewerten müssen, sind Sie mit diesem Ergebnis sicher nicht zufrieden. Müssen Sie aber auch nicht: Jetzt ist Gehirntraining angesagt. Dieses Buch zeigt Ihnen, wie Sie Ihre geistige Leistungsfähigkeit verbessern können: mit Denksport, Tüfteln und Hobbys. Setzen Sie sich aber nicht unter Druck – das blockiert nur den Kopf. Und so können Sie Ihre grauen Zellen mit spielerischer Leichtigkeit in Schwung bringen: Treiben Sie täglich Neurobics. Dieses lockere Hirntraining ist besonders gut für Menschen geeignet, die einfach keine Lust haben, asketisches »Gedächtnistraining« zu absolvieren. Wenn Sie morgens in einem herrlich duftenden Schlafzimmer aufwachen, einen abwechslungsreicheren Weg zur Arbeit nehmen und abends eine Menü-Überraschung auf dem Tisch steht: Dann sind Sie auf dem besten Weg, den nächsten Test mit Bravour zu meistern!

76 bis 200 Punkte
Prima! Ihr Ergebnis kann sich wirklich sehen lassen. Ihnen macht Denksport und Problemlösen einfach Freude – das merkt man am Ergebnis. Wenn Sie in die absolute Oberliga aufsteigen wollen, können Sie das ohne große Mühe tun. In diesem Buch erfahren Sie, wie viel Spaß es machen kann, dem Kopf auch im Alltag immer wieder einen belebenden Frische-Kick zu geben. Ob Sie im Café Ihr Gegenüber auf der Serviette skizzieren, in der Mittagspause eine geistige Traumreise machen oder bei einer fröhlichen Party mit Ihren Freunden einfallsreich Musik machen: All das ist nicht nur gut für Ihr Gehirn, sondern macht total Spaß. Und wenn Sie mit Ihrem Partner ein »Dinner über Kreuz« schlemmen, bei lustvoller Massage »Kunst am Körper« zelebrieren oder fröhlich »Kindergeburtstag für Große« feiern – Sie spüren: Es ist ein klasse Gefühl, den Geist fit zu halten.

201 bis 400 Punkte
Einfach genial! Sie sind mental topfit. Ob im Bereich von Logik oder plastischer Vorstellung, bei kniffligen Merkaufgaben oder im Bereich des Allgemeinwissens: Ihnen macht so leicht niemand etwas vor. Können Sie überhaupt noch von diesem Buch profitieren? Und ob! Denn jetzt gilt es, Ihre mentale Topform zu bewahren und die IQ-Ressourcen zu nutzen, die auch Sie noch in petto haben. Das schaffen Sie mit immer neuen Eindrücken und Anregungen; mit Reisen und kontroversen Diskussionen im Freundeskreis; mit cleverem Brainfood und dem richtigen sportlichen Training für Ihre grauen Zellen. Und vergessen Sie nicht, Ihrem Kopf regelmäßig eine psychische Entgiftungskur zu schenken – mit unserem Detox-Programm (ab S. 104). Dann stehen Ihre Chancen hervorragend, Ihre exzellente Mentalform zu bewahren und bis ins hohe Alter geistig fit zu bleiben – 100 Jahre lang.

Graue Zellen in Hochform

Vom persischen Heerführer Xerxes ist überliefert, dass er sämtliche Namen seiner hunderttausend Soldaten im Kopf hatte. Gedächtniskünstler unserer Zeit leisten nicht weniger Aufsehen Erregendes. Der Japaner Hiroyoki Godu hat 42.000 Stellen der unendlichen Zahl Pi im Kopf. Der britische Gedächtnisweltmeister Dominic O´Brien merkt sich innerhalb einer Stunde die exakte Reihenfolge von 962 Spielkarten oder lernt 360 Ziffern in der korrekten Folge auswendig – in nur fünf Minuten.

Gehirn mit Freiraum

Bis vor kurzem wussten die Experten nicht genau, wie menschliche Gehirne dies überhaupt leisten können. Doch jetzt sind einige Fälle von Gedächtniskünstlern mit den modernsten bildgebenden Verfahren durchleuchtet worden. Das Ergebnis der PET-Aufnahmen: Bei den mathematischen Kunststücken werden Regionen im Denkorgan aktiv, die normalerweise mit Rechnen gar nichts zu tun haben. So zeigte sich bei einem der untersuchten Geistesakrobaten, dass, während er auf Hochtouren an komplizierten

Gedächtniskünstler merken sich sogar hunderte von Spielkarten.

Mathematik-Aufgaben arbeitete, in seiner rechten Hirnhälfte Bereiche aktiv waren, die normalerweise als Langzeitspeicher des biografischen Gedächtnisses dienen. Das Gehirn schafft sich also selbst Freiraum, wenn es gefordert ist.

Training für einen fitten Kopf

Wie phänomenal Gedächtnisaktivität das Gehirn in Schwung bringt, bewies eine Studie an Londoner Taxifahrern. Sie müssen die kompliziertesten Routen beherrschen, um eine Lizenz zu bekommen. Computertomographische Untersuchungen bewiesen: Bei ihnen ist die Gehirnregion, die das Ortsgedächtnis speichert, verglichen mit anderen

Gedächtniskünstler erweitern den Hirnspeicher

Testpersonen deutlich vergrößert. Das beweist: In jedem steckt ein Superhirn. Sie müssen kein von der Natur begnadeter Gedächtniskünstler sein, um Ihren Kopf in Topform zu bringen!

Jogging fürs Gehirn

Systematisches Gehirntraining bezeichnet man umgangssprachlich als Gehirnjogging. Forscher untersuchten den Effekt von täglich zehn bis zwanzig Minuten Training für die grauen Zellen: Schon nach zwei Wochen war der IQ um fünfzehn Punkte gestiegen! Das macht doch Mut, oder?
Das folgende Mentalprogramm für optimierte geistige Leistungsfähigkeit hat fünf Stufen und Ziele:
1. Steigerung der **Konzentration**
2. Schärfung der **Wahrnehmung**
3. Verbesserte **Merkfähigkeit**, etwa von Zahlen, Namen und Gesichtern
4. **Kreativität** in Alltagssituationen
5. Allgemein **fitteres Gehirn** durch multisensorisches Training.

Kopftraining hebt rasch den IQ

Good news für die Konzentration

Die Konzentration ist die Eintrittskarte ins Stadion des guten Gedächtnisses und fitten Geistes. Zugleich ist sie mit der Merkfähig-

keit gekoppelt, also der Fähigkeit, sich Sachverhalte über einen kurzen Zeitraum einzuprägen. Ein geradezu geniales Trainingsgerät für Ihre Konzentration und Kurzzeitmerkfähigkeit ist Ihre Tageszeitung.

Fitnessgerät fürs Gehirn: die Tageszeitung

Schlagzeilen des Tages

▶ Schlagen Sie eine Seite Ihrer Tageszeitung auf, die viele kurze, prägnante Schlagzeilen hat. Sehen Sie die Seite intensiv sechzig Sekunden lang an, und prägen Sie sich dabei die wichtigsten Schlagzeilen und Meldungen genau ein. Decken Sie dann die Seite ab, und schreiben Sie die zehn wichtigsten Schlagzeilen wortgenau auf einen Zettel. Anschließend kontrollieren Sie: Wie viele Headlines sind wortgenau? Wie viele sind inhaltlich richtig? Wie viele sind falsch oder gar nicht wiedergegeben?

TIPP!
Gehirntraining können Sie auch mit den Namen des Tages machen. Welcher Politiker hat wen besucht? Wer hat einen Triumph oder eine Niederlage erlebt, wer ist auf- oder abgestiegen auf der Leiter der Macht? Wieder: 60 Sekunden intensiv einprägen – abdecken – notieren – kontrollieren.

Streichkonzert

Die Tageszeitung können Sie auch noch für folgende Übungen verwenden:
▶ Nehmen Sie diesmal eine Seite mit viel geballtem Text und einen Kugelschreiber. Konzentrieren Sie sich zehn Sekunden lang auf den gesamten Text im Überblick, und dann legen Sie los: Streichen Sie sechzig Sekunden lang alle Wörter durch, die z. B. mit »F« beginnen. Danach: Die Wörter, die mit »E« anfangen. Nehmen Sie dazu eine neue Seite, sonst wird es zu unübersichtlich. Eine Variante der Übung: Streichen Sie alles, was mit »-ung« endet.

Rückwärts, 007!

▶ Lesen Sie verkehrt herum! Geheimagent James Bond alias 007 konnte ein Schriftstück fließend lesen, das auf dem Schreibtisch seines Gegenübers lag. Das trainiert auch Ihr Gehirn: Legen Sie Ihre Tageszeitung umgekehrt hin, und halten Sie fest, wie weit Sie innerhalb von 30 Sekunden kommen.
▶ Lesen Sie auf einer neuen Seite mit viel Text den ersten Absatz des Artikels rückwärts. Was dabei herauskommt, sind völlig neue Wortgebilde. Lesen Sie sie laut und pointiert, als handele es sich um sinnvollen Text!

Schlau im Stau

Sie stehen auf dem Weg in die Arbeit mal wieder im Stau? Nutzen Sie die Zeit für ein kurzes Training Ihrer grauen Zellen:
▶ Merken Sie sich die Zahlen auf dem Autokennzeichen des Wagens, der gerade vor Ihnen steht. Zählen Sie sie zusammen, dann bilden Sie die Quersumme der Ziffern.

Vier Übungen, die Sinn machen

Die zweite Säule Ihrer Kopf-Arbeit ist die Wahrnehmung.

Dichter-Übung

Stellen Sie sich vor, Sie seien ein Dichter, der eine Szenerie in we-

Selbst beim Zeitunglesen lässt sich der Kopf spielend trainieren.

Bewusste Wahrnehmung liefert dem Kopf neue Anregungen.

nigen präzisen Sätzen anschaulich und genau wiedergeben muss. Setzen Sie sich mit Stift und Schreibblock auf eine Wiese, und nehmen Sie das Panorama ganz bewusst wahr. Achten Sie dabei auch auf alle noch so kleinen Details: Was für Bäume sehen Sie? Sind sie eher groß oder klein? Stehen sie in Gruppen oder einzeln? Welche Farbe haben die Blumen? Wie ist die Atmosphäre? Ist es ein heiterer sonniger Tag? Ist die Luft, der Himmel klar? Oder liegt über allem ein Hauch von Melancholie? Dann drehen Sie sich um und schreiben die 10 prägnantesten Details auf den Block. Drehen Sie sich wieder um und kontrollieren Sie, was Sie richtig erfasst und was Sie vergessen haben.

Dasselbe geht übrigens auch, wenn Sie einfach aus dem Fenster blicken. Wie sieht die gegenüberliegende Häuserwand aus? Folgen Sie den Formen, den Farben mit den Augen …

Entdecker-Übung

Stellen Sie sich vor, Sie seien ein Forscher wie David Livingstone, der ein unentdecktes Gebiet zum ersten Mal betritt.
Beschreiben Sie das Unbekannte allein anhand seiner Geräusche. Nehmen Sie einen kleinen, handlichen Kassettenrekorder mit. Setzen Sie sich einfach in ein kleines Straßencafé in der Innenstadt. Schalten Sie den Rekorder ein, und schließen Sie drei Minuten lang die Augen. Nehmen Sie

Erlauschen Sie Verblüffendes!

alle akustischen Eindrücke ganz bewusst auf: Gesprächsfetzen, ein vorbeiknatterndes Mofa … Dann öffnen Sie wieder die Augen. Schreiben Sie sich zehn Hör-Stichworte auf die Serviette. Spielen Sie zu Hause die Kassette ab. Sie werden überrascht sein, wie viele Nuancen Sie überhört haben.

Seher-Übung

Stellen Sie sich vor, Sie seien einer der legendären blinden Seher in einem antiken griechischen Tempel. Die konnten ihre Umwelt nur durch Tasteindrücke wahrnehmen – und durch die Kraft ihrer Imagination. Legen Sie zehn Gegenstände mit möglichst unterschiedlicher Form und Struktur vor sich hin. Ertasten Sie jedes Detail, und merken Sie es sich. Nach einer Pause von drei Minuten wiederholen Sie die Tastübung. Kommen jetzt neue, überraschende Tastreize hinzu?

Hasso-Übung

Stellen Sie sich vor, Sie wären Ihr Hund Hasso mit seiner unglaublich sensiblen Nase und müssten sich mit ihrer Hilfe in der Umwelt orientieren. Schließen Sie bei einem Waldspaziergang die Augen, und versuchen Sie, intensiv alle Geruchsreize wahrzunehmen: den Waldboden, Blätter, Laub, Blumen auf der nahen Wiese, Pilze … Das Gleiche in der Einkaufszone in der City wiederholen!

Assoziationen – der Geist blüht auf

Das Zauberwort zur Verbesserung der Merkfähigkeit heißt »Assoziationen«, denn diese strukturieren unsere Erinnerungen. Wenn das Gehirn (unbewusst) assoziativ arbeitet, verknüpft es Gedanken- und Gefühlsinhalte miteinander. Dabei sind mehrere Gehirnbereiche gleichzeitig aktiv: Das visuelle Gedächtnis kramt in seinem Bildarchiv, und das Limbische System gibt seinen Emotionskommentar.
Wären alle Fakten im Gehirn ohne roten Assoziationsfaden gespeichert, würden wir Jahrhunderte brauchen, um ein bekanntes Wort aus dem Gedächtnis abzurufen!

Verknüpfte Vorstellungen für bessere Gedächtnisleistung

TIPP!
Assoziationen machen das Leben nicht nur farbiger – sondern auch leichter. Besonders hilfreich sind sie, wenn es darum geht, sich an Gesichter, Namen und Zahlen zu erinnern!

Die Loriot-Methode

Der britische Thronfolger Prinz
Charles hat Probleme, sich die
Gesichter und Namen zu merken, die zu den hunderten von
Händen gehören, die er täglich
schütteln muss. Jetzt hat er sich
prominente Hilfe geholt: den Gedächtniskünstler Tony Buzan, der
unter anderem das »Mind Mapping« (s. S. 62) entwickelte.
Gesichter merkt sich Prinz Charles
seitdem folgendermaßen: Dem
TV-Korrespondenten Dieter
Kronzucker setzt er in der Phantasie etwa eine Krone auf den Kopf
und einen klebrigen Zuckerhut auf
die Nase – diesen Namen wird er
so bestimmt nicht mehr vergessen.
Je skurriler die Karikatur, desto
schärfer die Erinnerung daran.

Assoziationen sind das A und O,
um sich Namen und Gesichter
zu merken.
▶ Klare Assoziationen bleiben
fast automatisch hängen. Bei
Frau Klepper assoziiert man einen
klapprigen Gaul, bei Herrn Hose
sein Beinkleid und bei Frau Karr
eine Karre.
▶ Dasselbe funktioniert natürlich
auch bei kombinierten Namen.
Bei Herrn Schwarzmüller stellt
man sich vielleicht einen Müller
mit schwarzer Arbeitskleidung
vor. Frau Fischbach schwimmt
munter wie ein Fisch durch einen
Gebirgsbach. Herr Oberbäcker
thront wie ein Kaiser auf einem
Berg von Broten.
▶ Manche Namen prägen sich
schon durch eine kleine Silben-
veränderung ein. Aus Herrn

Prinz
Charles
engagierte
einen
Gedächtnis-
trainer.

Hehnel wird ein Hendl, aus Frau Kutz eine Katze.

▶ Schwieriger ist es bei Namen, die keine klaren Assoziationen nahe legen. Hier sollte man sich die assoziierten Merkmale eines Gesichts und des passenden Namens durch eine karikaturhafte **Karikaturen bleiben unvergesslich** Übertreibung einprägen. Kennen Sie die Loriot-Männchen mit den Knollennasen? So ein unverwechselbares Merkmal macht den Betreffenden unvergesslich. Hat Herr Lippspring vielleicht vorspringende Lippen – dann plustern Sie die Lippen zu riesigen Wülsten auf. Huscht Frau Hüsch unauffällig-flink wie ein Wiesel durchs Büro? Dann assoziieren Sie von jetzt an »huschen« mit ihr.

Bunte Bilder statt Zahlen

Auch für das Merken von Zahlen sind Assoziationen unerlässlich. Sie müssen einfach mit jeder Ziffer oder auch den ersten Zahlenfolgen bis 15 ein eindeutiges Bild verknüpfen. Zum Beispiel:

0 = Ring	8 = Sanduhr
1 = Hut	9 = Trillerpfeife
2 = Schwan	10 = Trommler
3 = Kaktus	11 = Kirchturm
4 = Stuhl	12 = Uhr
5 = Hand	13 = Kerze
6 = Schnecke	14 = Luftballon
7 = Fahne	15 = Ei

93568427 – diese Nummer müssen

> **WICHTIG**
> Die Assoziationen zu den Zahlen müssen Ihnen wirklich in Fleisch und Blut übergegangen sein! Wenn Sie jedesmal grübeln, ob vier nun Stuhl oder Sanduhr ist, bringt das Ganze nichts. Ist das jeweilige Bild aber in Ihrem Gedächtnis wirklich fest verankert, verlieren Zahlen ihren Schrecken!

Sie sich merken? Kein Problem mit folgender Geschichte: Sie laufen mit Ihrer Pfeife laut trillernd am Kaktus vorbei und schwenken dabei in Ihrer Hand eine Schnecke und eine Sanduhr, ehe Sie sich entspannt auf den Stuhl setzen und dem Schwan zusehen, der an der Fahne knabbert. – Je verrückter die Geschichte, desto besser! Hier ein paar weitere Regeln für den oft ungeliebten Umgang mit Zahlen.

1. Pakete packen:
Packen Sie Bandwurmzahlen zu kleinen handlichen Paketen zusammen. 410508 ist schwerer zu behalten als 41 05 08. Teilen Sie lange Ziffernreihen wie Telefonnummern immer in Zweier- oder Dreiergruppen auf.

2. Auffälligkeiten entdecken:
Entwickeln Sie einen Blick für Auffälligkeiten bei Zahlen. 53156424 ist ziemlich verwirrend. Aber es wird einfach, wenn Sie

Zahlen – auf einen Blick behalten

bemerken, dass 5x3 = 15 und
6x4 = 24 ist.

3. Emotionale Verknüpfung:
Verbinden Sie Zahlen mit bekannten Infos wie etwa Ihrem Alter, Ihrer Schuhgröße oder Hausnummer. Noch besser sind emotional besetzte Infos. Verstecken sich in der neuen Telefonnummer vielleicht Tag und Monat Ihrer Hochzeit?

Die Loci-Methode

Schon römische Senatoren litten unter Vergesslichkeit: Bei ihnen war das besonders peinlich, da sie oft stundenlange Reden halten mussten. Der Senator und leidenschaftliche Karthago-Gegner Cato entwickelte ein System, wie ihm die Gedanken im Senat wieder zuflogen: die Loci-Methode. Das Prinzip: Stellen Sie sich Ihre Wohnung mit allen Zimmern ganz plastisch vor. An jedem markanten Punkt der Wohnung verankern Sie ein Stichwort. Während des Vortrags gehen Sie im Geist durch die Zimmer und rufen die Stichworte nach und nach ab.

Eine Rede zum 65. Geburtstag
Hier ein Beispiel: Sie sehen den runden Tisch Ihres Wohnzimmers (Stichwort runder Geburtstag), die leuchtende Stehlampe (Stichwort strahlende Laune), den Fernseher (Stichwort viele Gäste), Sessel

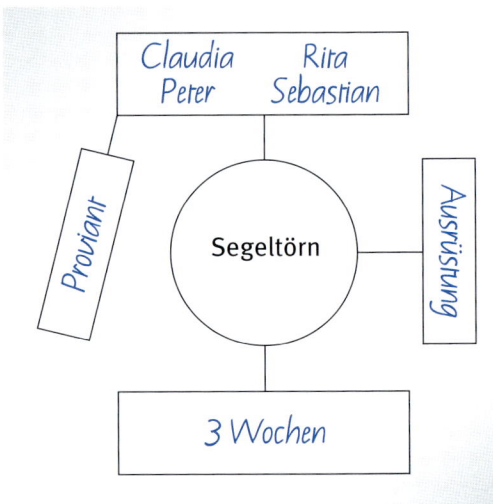

(Stichwort ausruhen, genießen), Tisch (Stichwort schlemmen) – und schon wird es Ihnen leicht fallen, dem Jubilar in einer kleinen Rede zu danken für die gute Laune, die er immer verbreitet, seine vielen Gäste als Beispiel für seine Beliebtheit anzuführen und ihm dazu zu gratulieren, dass er sich jetzt in aller Ruhe zurücklehnen und das Leben in vollen Zügen genießen kann.

So sieht eine Mind Map aus.

Mind Map

Prinz Charles' Kopfberater Tony Buzan hat diese Methode entwickelt. Das Prinzip des »Mind Mapping«: Sie bringen dadurch Ordnung in Ihre Pläne, indem Sie ein bestimmtes Problem oder eine Aufgabenstellung in allen Facetten graphisch als kleine »Ideen-Landkarte« darstellen. Mind Mapping ist also eine Art zeichnerisches Brainstorming. Konkret geht das so, etwa wenn Sie einen Segeltörn planen:

Der Ideen-Baum liefert die Lösung

1. Schreiben Sie in die Mitte eines unlinierten Blattes das Hauptthema »Segeltörn« und kreisen es ein.
2. Von diesem Ideenzentrum aus zweigen nun wie Äste von einem Baum die weiteren Einfälle ab, die verschiedene Aspekte des Segeltörns beleuchten. Zum Beispiel Teilnehmer, Ausrüstung, Dauer, Kosten, Vorbereitung auf schlechtes Wetter, Freizeitaktivitäten auf dem Boot außer Segeln, Proviant und so weiter.
3. Sämtliche dieser Begriffe schreiben Sie in andere kleine Kästen, die Sie durch Linien mit dem Hauptkasten verbinden. Schreiben Sie alles in großen Druckbuchstaben, dies prägt sich dem Gehirn als »fotografisches Bild« besser ein.
4. Ergebnis: Es entsteht eine Struktur des Themas, und dieses nimmt im wahrsten Sinne des Wortes Gestalt an.
5. Es ensteht schließlich ein Ideengemälde, das alle wichtigen Details auf einen Blick erfasst und durch die bildhafte Darstellung auch die emotionalen Hirnbereiche in die Planung einbezieht.

Kreativ im Alltag

Nun haben Sie eine Menge Tricks gelernt, um Ihr Gehirn in Topform zu bringen. Aber Sie können noch mehr: Ihr ganzes Leben durch kreativeren Einsatz Ihrer grauen Zellen interessanter gestalten. Und: Kreativität lässt sich trainieren!

Luxusspiele für den Kopf

Eine der effektivsten Methoden, die zugleich viel Spaß macht, ist: Kleine Gedankenspiele für zwischendurch in die Tagesroutine einzubauen.
Wenn Sie am Abend oder zwischendurch zehn Minuten Zeit haben, machen Sie es sich bequem, und gönnen Sie sich einen Luxus, den sich nur wenige Menschen regelmäßig zugestehen: Lassen Sie Ihrer Phantasie freien Lauf!

Phantasie – den Luxus sollten Sie sich gönnen!

Was wäre, wenn ...?

Erste Methode des Kreativtrainings: Versetzen Sie sich in völlig

> **TIPP!**
> Versuchen Sie nicht nur Gedanken, sondern auch Emotionen zu Papier zu bringen. Kennzeichnen Sie die Stichworte mit grellen Farben, mit Ausrufe- oder Fragezeichen, mit Symbolen oder Bildern.

Gedanken-spiel

unwirkliche Situationen hinein. Die Eintrittskarte zu diesem Spiel sind die magischen Worte: »Was wäre, wenn ...« Überlegen Sie sich etwa Folgendes:

1. Was wäre, wenn statt Regentropfen Goldmünzen vom Himmel fielen? Toll, dann wären wir alle reich. Bloß: Dann wäre Gold auch nichts mehr wert. Die Pflanzen könnten vom Gold nicht gedeihen, die ganze Welt wäre überzogen mit einer Schicht aus Goldglanz und so fort. Ihrer Phantasie sind keine Grenzen gesetzt:

2. Was wäre, wenn es keine Schwerkraft gäbe?

3. Was wäre, wenn alle Menschen zweihundert Jahre alt würden?

4. Was wäre, wenn es die Form »rund« plötzlich nicht mehr gäbe?

Findige Wortspiele

Eine weitere Möglichkeit, Ihre Hirnzellen anzuregen, sind lustige Wortfindungsspiele. Beispielsweise so:

● Bilden Sie aus den Buchstaben eines Wortes neue Begriffe. In »Briefkasten« steckt zum Beispiel (außer Brief und Kasten) Arsen, Nase, Geist, fest, fast, Triebe, tief, Ast, Nest und einiges mehr.

● Merken Sie sich die Buchstaben von Autonummern beliebiger vorbeifahrender Pkw, und bilden Sie aus den zwei bis fünf Buchstaben jeweils drei witzige, viel-

leicht skurrile Sprüche. M-PK = Mutter packt Koffer, Martin parkt konzentriert. FFB-VG = Fußball-Fans brauchen viele Gummibärchen ...

● Denken Sie ein beliebiges Wort, etwa »Leben«. Dann versuchen Sie, so viele passende Wörter wie möglich mit anderem Anfangsbuchstaben zu finden. Zum Beispiel weben, streben, kleben, geben, beben ... oder: laufen ... kaufen, saufen, raufen, taufen ...

Geschichten mit Phantasie

Kreativ zu leben, macht einfach mehr Spaß. Das zeigen auch die nächsten Beispiele.

Sie müssen dringend einkaufen? Dann würden Sie normalerweise einen Einkaufszettel schreiben. Sie können aber auch eine Merk-Geschichte in Form eines Krimis basteln. Etwa so:

Sie wollen Äpfel, Birnen Bananen, Kaffee, Zucker, Vitamintabletten, Schuhcreme, Schnürsenkel und ein Brillenputztuch kaufen? Der Krimi könnte lauten: Ein Geheimagent beobachtet Sie seit Tagen durch seine Sonnenbrille, die er mit einem **Putztuch** säubert. Als er hinter Ihnen herrennt, werfen Sie ihm eine **Banane** in den Weg, so dass er auf der Schale ausrutscht und am Obststand **Äpfel** und **Birnen** mitreißt. Dann ziehen Sie die **Schnürsenkel** Ihrer frisch mit **Schuhcreme** behandelten Joggingschuhe stramm, werfen noch eine **Vitamintablette** ein und rasen zur Polizei, wo Sie sich erstmal mit **Kaffee** und **Zucker** stärken.

Das Ganze hört sich aber ziemlich verrückt an? Außerdem haben Sie sich viel schneller einen Einkaufszettel geschrieben als die Geschichte ausgedacht? Stimmt! Nur haben Sie dann Ihre Kreativität nicht trainiert. Mit dem Aufzug zu fahren, geht auch schneller und bequemer, als Treppen zu laufen. Dennoch sind die Treppen die gesündere Alternative.

Neurobics – die neue Dimension

Unsere frühe Kindheit ist die Phase der höchsten Lernfähigkeit unseres Oberstübchens. In dieser Zeit stehen alle Sinnesantennen auf Empfang, wenn es ums Erkunden der Welt und ums Lernen geht. Dieser Sachverhalt stand Pate bei der Entwicklung des modernsten Gehirntrainings: des so genannten Neurobics, einer neuen Dimension des Kopftrainings.

Mit allen Sinnen empfinden

Das Kindergehirn arbeitet sinnlich

Bekommt ein kleines Kind einen Teddy geschenkt, beginnt es sofort, das neue Spielzeug zu untersuchen. Es streichelt den Bären und merkt: Das Fell ist weich. Es hält sein Ohr an den Teddybauch, um zu lauschen, ob vielleicht Töne drin sind. Es schüttelt ihn, um zu sehen, ob etwas herausfällt. Vielleicht nimmt es die Pfoten in den Mund, um zu erkunden, wie das pelzige Tier schmeckt. – Und jetzt ein Erwachsener: Erhält er einen duftenden Blumenstrauß, bedankt er sich höflich und stellt ihn in die Vase.

Kinder entdecken die Welt mit allen Sinnen.

Das Gehirn lernt in 3-D

Kinder sind kleine Forscher. Jeden Tag machen sie mit Augen, Ohren, Nase, Zunge und Tastsinn neue Erfahrungen. Im Gehirn spielt sich dabei eine Menge ab. Gerade in den ersten Lebensjahren, in denen das Kind krabbeln, laufen, sprechen und eigene Ideen entwickeln lernt, vermehren sich die Nervenverschaltungen (Synapsen) in seinem Kopf mit unglaublicher Geschwindigkeit.

Neurobics: mehr Infos für den Kopf

Die Tatsache, dass neue Sinneseindrücke die Synapsen sprießen lassen, macht sich Neurobics zunutze. Dabei jedoch »unterscheidet sich Neurobics von reinen Merkaufgaben so deutlich wie ein Schwarzweißfoto von einer farbigen Skulptur«, erklärt der Neurobiologe Lawrence Katz, der die Methode entwickelt hat.

TIPP!

Einzelne Sinne können Sie gezielt schärfen, beispielsweise Ihren Tastsinn. Machen Sie dazu folgende Übung: Schalten Sie die anderen Sinne mit Augenbinde und Ohrstöpseln vorübergehend aus.

Das Zauberwort von Neurobics heißt »multisensorisch«, was so viel bedeutet wie »mit allen Sinnen«. Nur dann bekommt das Gehirn Informationen aus den unterschiedlichsten Sinneszentren gleichzeitig und muss die verschiedensten einlaufenden Daten koordinieren. Das ist Gehirntraining der S-Klasse.

Ein weiterer Vorteil dieser Methode: Wenn Sie Wahrnehmungen und Situationen mit einer Fülle von Sinneseindrücken koppeln, prägt sich das Erlebte tiefer

Sehr sinnliche Eindrücke vergisst man nicht

Mehr als der erste Eindruck

Wenn Sie einen Menschen neu kennenlernen, sollten Sie versuchen, so viele Sinneseindrücke wie möglich von dieser Begegnung zu speichern. Denn nehmen Sie nur sein Gesicht und seine Figur wahr und registrieren seinen Namen, werden Sie ihn bald vergessen haben. Versuchen Sie deshalb, so viele Details wie möglich zu speichern, wie etwa: Ist sein Händedruck fest oder weich? Verwendet er ein Parfüm? Redet die Person akzentuiert, oder nuschelt sie? Treffen Sie sie ein nächstes Mal, wird Ihr Gehirn Ihnen in Millisekunden eine ganze Menge Informationen aus dem zentralen Datenspeicher zuspielen – und Sie erinnern sich sofort wieder an diesen Menschen!

ein. Und ist bei Bedarf leichter und plastischer aus dem Gedächtnisspeicher abzurufen.

Viele Datenautobahnen – und der Kopf ist fit

Was spielt sich im Gehirn ab, wenn die Sinnesreize ankommen? Eine ganze Menge: Das Gehirn reagiert auf die Reize mit erregter molekularer Aktivität. Es schüttet Neurotransmitter aus und beschleunigt so die Signalübermittlung. Außerdem aktiviert es den NMDA-Rezeptor, möglichst viele Nervenbotenstoffe an den Synapsen durchzulassen.
Durch die Flut der Sinnesreize werden aber auch Nervenwachstumsfaktoren freigesetzt und damit der Bau neuer Datenschnellstraßen im Gehirn gefördert. Und gerade durch multisensorische Reize »… bildet sich ein dichtes Straßennetz von Datenautobahnen zwischen Sinnesregionen, zwischen Erinnerungs- und Gedächtnisarealen«, so Hirnexperte Katz. »Dieses Netz ist das wichtigste Merkmal des flexiblen, fitten und funktionell jungen Gehirns.«

Trainingsplus: Emotionen

Die weitere Zutat des modernen Gehirntrainings sind Überraschungen, Spannung, Emotio-

nen und Phantasie; denn nur, wenn man während einer Übung lacht, sich wundert oder ärgert, arbeitet das Gehirn wirklich optimal daran, sein Informationsnetzwerk auf Vordermann zu bringen.

Je mehr Datenhighways im Kopf, desto schneller lernen wir.

Neurobics: 33 Überraschungen für den Kopf

Wann haben Sie Ihr Gehirn das letzte Mal so richtig überrascht? So, dass die grauen Zellen erst einmal stutzten, sich dann aus der Routine lösten und blitzschnell auf »hellwach für neue Erfahrungen« schalteten? Jetzt können Sie es tun.

Automatisch offene Sinneskanäle

Sie gehen mit verbundenen Augen durch Ihre Wohnung – und Ihre Sinne werden wach! Sie nehmen glasklar wahr, weil Ihr

Gehirn sofort weiß: Jetzt sind alle verbleibenden Sinne gefordert, wenn es diese Aufgabe bewältigen soll. Sie setzen jetzt Ohren, Nase, Tastsinn ganz konzentriert ein. Sie lauschen aufmerksam: Wo tickt die Standuhr? Laufen Sie noch über das Parkett oder schon über den gefliesten Boden? Aus welcher Ecke surrt der Kühlschrank? Schnuppern Sie intensiv: Wo steht die Vase mit dem Flieder? – Gar nicht so einfach, aber viel interessanter, als Sie gedacht haben.

Ohren, Nase und Tastsinn gefordert!

Damit lernen Sie spielerisch

Gerade haben Sie Neurobics gemacht. Denn die Blindekuh-Übung ist typisch für die Katz-Methode: Beim Üben sind alle Sinne gefordert. Das Gehirn lernt spielerisch, scheinbar einfache, tatsächlich aber komplexe Dinge zu tun. Es muss die Signale von Tastrezeptoren auswerten, akustische Impulse und Riecheindrücke verarbeiten – und das alles gleichzeitig. Und es muss diese Daten blitzschnell koordi-nieren, so dass Sie entscheiden können, wohin Sie den Fuß setzen sollen.

Gehen Sie auf Entdeckungsreise

Die Idee von Neurobics: Lassen Sie Erfahrungsschubladen geschlossen. Gehen Sie zu Hause, bei der Arbeit, beim Treffen mit Freunden auf Entdeckungsreise. Nichts trainiert Ihr Gehirn besser. Und es macht echt Spaß, den Kopf immer wieder mit Überraschendem zu konfrontieren.

1: Dufter Tagesanfang

Überraschen Sie noch vor dem Aufstehen Ihre Nase. Stellen Sie sich einfach einen Flakon mit Ihrem Lieblingsparfüm auf den Nachttisch. Klingelt der Wecker, versprühen Sie mit einem Handgriff etwas Wohlgeruch in die Luft. Durch den ungewohnten Sinnesreiz stellt sich Ihr Gehirn automatisch auf »wach«. Und auch Ihre Laune steigt schlagartig.

Ein Duft als Kopf-Wecker

> **TIPP!**
> Sie haben längere Zeit konzentriert gelesen. Jetzt ist es Zeit für eine kleine Überraschungsübung. Schließen Sie Ihre Augen, gehen Sie durch jedes Zimmer Ihrer Wohnung, und zwar an den Wänden entlang. Nun durchqueren Sie jeden Raum – einmal hin und wieder zurück. Tasten Sie sich allmählich mit feinfühligen Fingerspitzen voran. Sie werden sehen: Ihr Geist wird ganz schnell hellwach!

2: Das schaffen Sie mit links

Benutzen Sie fürs Duschen, Zähneputzen, Frühstücken die linke Hand anstelle der rechten, oder umgekehrt. Sie werden sich wundern, wie ungewohnt und kniffelig das ist – und Ihr Gehirn wundert sich ebenfalls. Das ist auch der Sinn des Ganzen. Da sich die Nervenleitungen zu den Muskeln überkreuzen, mit denen Sie Zähne putzen und sich duschen, bekommt die rechte Hand heute nicht wie gewohnt ihre Befehle aus der linken, sondern aus der rechten Hirnhälfte.

Es müssen also die muskelsteuernden Nerven in der rechten Hemisphäre aktiv werden. Damit Sie auch in dieser ungewohnten Situation Ihre Bewegungen koordinieren und die Saftkanne im Gleichgewicht halten können, müssen zugleich sonst eher ruhende Areale des Kleinhirns plötzlich Präzisionsarbeit leisten. Wenn Sie danach zur Arbeit gehen, hat Ihr Gehirn schon eine ordentliche Trainingsstrecke geschafft.

3: Feinfühliges Ritual

Am darauf folgenden Morgen können sie sich wieder mit Ihrer »Chefhand« duschen, rasieren, frisieren. Allerdings: Dafür stehen Sie heute mit geschlossenen Augen unter der Brause. Wo sind nur Wasserhahn und Duschkopf? Dazu brauchen Sie Feingefühl

und Ihre wachen Sinne: Den Duschstrahl dosieren Sie nach Gehör. Seife und Shampoo müssen Sie sich schon ertasten. Nach Ihrem Blindflug durch das Bad können Sie dann ganz normal mit offenen Augen frühstücken. Ihr Gehirn hat fürs Erste seine Trainingseinheiten absolviert. Den Tastsinn können Sie allerdings gleich eingeschaltet lassen. Sie gönnen ihm nämlich noch ein paar Extraübungen – und zwar jetzt gleich.

4: Spiel auf der Tastatur

Schnell die Wohnung abschließen und los. Aber wo sind nur die Schlüssel ...? Halt! Bei diesen Aktionen ist wiederum nur Tasten erlaubt. Also: Fühlen Sie in den Taschen, wo der Schlüssel steckt.

Die linke statt der rechten Hand benutzen – auch das ist Mentaltraining!

Nutzen Sie
Ihr Auto als
Neurobic-
Gerät!

Identifizieren Sie per Tasten in der Manteltasche den richtigen Schlüssel am Bund. Stecken Sie diesen, ohne hinzusehen, ins Schloss, und schließen Sie ab. Sind Sie an Ihrem Auto angekommen, heißt es wieder sich »blind stellen«. Finden Sie den Schlüssel für die Autotür, und öffnen Sie, ohne hinzusehen. Nun Handbremse lösen, Autoradio auf Morgenmusik oder Verkehrsfunk stellen: alles ohne hinzugucken! Finden Sie auch das Zündschloss, und starten Sie nur nach Gespür. Erst jetzt öffnen Sie wieder Ihre Augen.

5: Klingt interessant

Sie fahren gar nicht mit dem Auto zum Job, sondern nehmen ein öffentliches Verkehrsmittel?

Auch gut, da können Sie prima Neurobics machen: Schließen Sie die Augen, und versuchen Sie, allein anhand der Geräusche festzustellen, wo Sie gerade sind. Quietscht die Straßenbahn in der Kurve vor der Hauptstraße? Muss der Busfahrer auf der Steigung runterschalten, bevor der Bus bergab Geschwindigkeit aufnimmt? Sagen Sie sich die nächste Haltestelle »blind« voraus, ehe sie über Lautsprecher angekündigt wird.

6: Neue Wege

Der täglich gleiche Weg zur Arbeit ödet Sie an? Dann ändern Sie ihn. Füllen Sie die ersten Stunden Ihres Tages mit Spannung und Ungewohntem. Eine unbekannte Fahrstrecke oder ein Fußmarsch mit einer anderen Route muss gar nicht viel länger dauern, hat aber den Effekt, dass Ihr Kopf den Autopiloten ausschaltet und sich auf neue Eindrücke einstellt.

7: Alles steht Kopf

Auch im Büro überraschen Sie Ihre grauen Zellen von jetzt an immer wieder mit Verblüffendem. Stellen Sie das Foto auf Ihrem Schreibtisch auf den Kopf, ebenso wie die Schreibtischuhr und den Kalender. Drehen Sie den Terminkalender so, dass Sie die Eintragungen nur spiegelbildlich ablesen können. Und Ihre Armbanduhr, die Sie seit Jahren am linken Handgelenk tragen, legen Sie ab heute rechts an.

8: Buntes Büro

Nerven Sie manchmal Ihre Arbeit und der Stress? Steuern Sie gegen! Gönnen Sie Ihrem Hirn einen Duftimpuls: Versehen Sie bestimmte Phasen des Arbeitstages mit Ihrer eigenen Duftnote. Wenn Sie längere Zeit telefonieren und Termine koordinieren müssen: Zitronenduft pustet Frische in Ihre Gedanken. Müssen Sie Texte bearbeiten, und Ihnen platzt zwischendurch der Kragen: Melisse beruhigt.

Zitrusduft fördert die Konzentration und wirkt aktivierend.

Etwas farbenfroher können Sie ihren Alltag dadurch gestalten, dass Sie farbiges Papier als Filter vor die Bürolampe hängen.

9: Treffer!

Ganz einfacher Trick, um etwas kreatives Gehirnchaos in eingefahrene Nervenbahnen zu bringen: Stellen Sie Ihr Telefon, den Behälter mit den Kugelschreibern, den Papierkorb an eine andere Stelle. Wenn Sie instinktiv nach dem Hörer angeln, in Gedanken nach einem Stift greifen oder schwungvoll Papier entsorgen wollen, stutzt das Gehirn. Anfangs werden Sie das vollgekritzelte Papier einige Male daneben werfen. Dann aber denkt das Oberstübchen um und programmiert die Befehle neu ein. Es muss dazu das visuelle Gedächtnis und die dazugehörigen, im Kleinhirn gespeicherten Bewegungsmuster neu abstimmen. Erst dann heißt es beim Papierkorbwurf ohne nachzudenken wieder: Treffer!

Plötzlich muss das Gehirn umdenken

10: Angriff auf die Dame

Was halten Sie davon: Platzieren Sie in einem von Mehreren genutzten Büroraum auf einem Tisch nahe der Tür ein Schachspiel. Jeder, der den Raum verlässt oder betritt, zieht einmal – abwechselnd mit den weißen oder schwarzen Figuren. Das mobilisiert den Grips zwischendurch. Genau gesagt: Der Zug auf dem Schachbrett aktiviert nicht nur kurzfristig die räumlich-visuelle Wahrnehmung. Er trainiert auch noch das strategisches Denken.

11: Freistunde

Viele Chefs glauben immer noch: Die Mitarbeiter, die den ganzen Tag mit Leichenbittermiene schuften, sind die Fleißigsten. Vielleicht, aber sie sind sicher nicht die kreativsten.
»Nehmen Sie sich täglich ganz rigoros eine Freistunde, in der Sie sich nur mit dem beschäftigen, was Ihnen spontan einfällt«, rät Professor Ernst Pöppel, Medizinischer Psychologe der TU München. »In dieser Zeit: konsequent keine Telefonate, keine Termine, keine Störung. Dann geht eine Welle der Kreativität durch den Kopf!« Und wenn Sie nur Strichmännchen aufs Papier zeichnen: Plötzlich kann die lange gesuchte Lösung für ein Problem da sein.

12: Kontrastprogramm

Seit Stunden auf demselben Stuhl am selben Schreibtisch vor demselben Computer? Nervtötend. Geben Sie sich zwischendurch eine Viertelstunde frei, schlendern Sie zum Beispiel durch die Fußgängerzone. Das hört sich banal an. Aber dabei bekommt das Gehirn so viele neue Sinnesreize,

Kurzurlaub für den Kopf

dass es sofort wieder einen Gang hochschaltet. Außerdem flutet Sauerstoff in den Kopf. Jetzt kann es mit neuem Schwung weitergehen. Ach ja: Nehmen Sie Ihre Mittagspause nicht immer zur gleichen Zeit, sondern mal eine halbe Stunde später, mal eine halbe Stunde früher.

13: Traumreise

Termindruck – Sie können in der Mittagspause nicht aus dem Büro? Dann gönnen Sie sich zumindest eine kleine Phantasiereise. Lehnen Sie sich zurück, schließen Sie die Augen, und beamen Sie sich an einen Ort Ihrer Träume. Welche Landschaft lieben Sie besonders? Also gut, das Matterhorn: Lassen Sie vor Ihrem geistigen Auge ganz intensiv einen

Auch eine Phantasiereise bringt mentale Anregung.

Panoramafilm ablaufen, sehen Sie den glitzernden Schnee auf den umliegenden Gipfeln, darüber den strahlend blauen Himmel. Fühlen Sie den kühlenden Wind, riechen Sie den Duft der Bergwiesen … Der Effekt: Gedächtnisareal Hippocampus, Sinneszentren und Limbisches System bekommen gleichermaßen neue Impulse.

14: Die Picasso-Übung

Für diese Übung brauchen Sie nur einen Bleistift oder Kugelschreiber und ein Stück Papier. Etwa in dieser Situation: Sie sitzen im Café und warten auf den Espresso, sehen dabei die Dame am Nachbartisch an. Aufgabe: Zeichnen Sie das Profil der Frau allein mit der rechten Hand zügig aufs Papier. Und zwar möglichst ohne den Stift abzusetzen. Auf jeden Fall aber mit wenigen einfachen Strichen. Arbeiten Sie dabei die optischen Auffälligkeiten (etwa große Nase, schwarze Locken, üppiger Mund) hervor. Übertreiben Sie ruhig etwas. Und? Sieht sie dem Original zumindest etwas ähnlich? Jetzt wechseln Sie die Hand: Malen Sie ein Strichporträt mit links. Dasselbe können Sie natürlich auch mit dem Kollegen am Schreibtisch gegenüber, mit der Tischnachbarin in der Kantine, ja sogar in der U-Bahn machen.

Der Trainingseffekt fürs Gehirn ist hoch: Sie schärfen Ihre Wahrnehmung, denn Sie müssen genau hinsehen, um die Charakteristika der Person zu erfassen. Sie aktivieren Ihr visuelles und räumliches Kurzzeitgedächtnis. Gleichzeitig wird die Feinmotorik der Finger und Hände aktiviert. Bravo!

15: Exotik auf dem Teller

Sie gehören zu den Büromenschen, die in der Mittagspause rasch irgendetwas einkaufen, damit Sie abends schnell ein Essen zubereiten können? Machen Sie es für sich spannender: Kaufen Sie mindestens eine Frucht, ein Gemüse oder eine Beilage, die Sie noch nie gegessen haben. Sie können Ihre Lebensmittel aber auch so zusammenstellen, dass sie eine Art »exotische Themenmahlzeit« geben. Zum Beispiel: an einem Tag japanisches Rührei (mit Shiitake-Pilzen), am nächsten Eskimo-Risotto (Reis mit Grönlandkrabben).

Exotische Früchte, wie diese Kiwano, sind spannend für Ihre Geschmacksnerven.

16: Abgestimmtes Abendessen

Gönnen Sie sich mit Ihrer Familie oder Ihren Freunden ein mehrgängiges Menü. Der Witz dabei: Jeder darf je nach Vorliebe einen Gang auswählen. Dann kommen witzige Kombinationen zustande

Überraschender Gaumenkitzel

wie etwa: Tintenfisch und danach Limetteneis, gefolgt von vietnamesischen Frühlingsrollen – das überrascht den Geschmackssinn garantiert. Und wenn Martin bestimmt, was gegessen wird, darf Monika die Musik zum Essen aussuchen und Marion die Beleuchtung dazu.

17: Unerhört schmackhaft

Abendessen, Variante drei. Jetzt kommt wieder eine klassische Neurobic-Übung. Wenn Sie allein oder zu zweit essen, verschließen Sie Ihre Lauscher vorher mit Ohrstöpseln. Sie werden sich wundern, welche Reize Sie bei diesem lautlosen Schlemmen entdecken. Denn wenn man einen Sinneskanal ausschaltet, öffnen sich die anderen umso weiter. Außerdem: Sie können sich ohne akustische Ablenkung mehr auf den Geschmack und Geruch der Mahlzeit konzentrieren.

18: Blind Dinner

Auch hier geht es noch einmal um eine Übung beim abendlichen Essen: Beide binden sich eine Augenbinde um (Schlafbrille oder ein Tuch). Sie können jetzt essen, mit vollem sinnlichem Genuss – aber »blind«.
Zugegeben: Dies ist schon die Oberstufe der Neurobic-Erfahrungen. Die Übung erfordert Zeit, Lust und Experimentier-

freude. Aber dafür werden Sie belohnt: Seien Sie sicher, dass Ihnen die Mahlzeit positiv in Erinnerung bleiben wird. Sie riechen auf einmal jede Nuance des Essens viel feiner, schmecken mit Zunge und Gaumen intensiver.

19: Über Kreuz

Wenn Sie den gemeinsamen Spaß beim experimentellen Essen auf die Spitze treiben wollen, vielleicht mit dieser Variante: Die Partner sitzen sich in Reichweite gegenüber. Beide essen »normal«, also ohne Augenbinde – aber vom Teller des anderen. Dabei muss der Kopf einiges leisten, denn die Gehirn-Impulse an die Extremitätenmuskeln fließen dabei so über Kreuz wie die Arme und Hände beim kreuzweisen Schlemmen: Sie werden sich wundern, wie einfallsreich man die Bewegungen koordinieren muss, damit jeder seine Bissen unbeschadet zum (eigenen) Mund bringt.

Schlemmen als cleveres Partnerspiel

20: Kindergeburtstag für Große

Erinnern Sie sich an die Hochspannung, wenn Sie an einem Ihrer Kindergeburtstage die Geschenke bekamen? Dieses kindliche Prickel-High können Sie sich zurückholen – und dabei Ihren Kopf in Schwung halten. Vereinbaren Sie mit Ihrem Partner, dass Sie sich abwechselnd – zum Beispiel jeden Freitag – ein kleines

Geschenk mitbringen. Der/die Beschenkte muss dann tastenderweise raten: Was verbirgt sich unter dem Geschenkpapier? Nach jedem (Fehl-) Tipp gibt Ihr Partner einen kleinen Hinweis, der auf die richtige Spur führen kann. Insgesamt: Zehnmal raten, dann wird ausgepackt.

Spannendes Geschenke-raten

21: Kunst am Körper

Eine sinnliche Paarübung, die die grauen Zellen kribbelnd stimuliert: Legen Sie sich auf das Bett oder Sofa, drehen Sie Ihrem Partner den Rücken zu. Jetzt malt er/sie mit einem Finger sanft und phantasievoll Figuren auf Ihren nackten Rücken: Spüren Sie die sanfte Berührung Ihrer Haut, folgen Sie der Bewegung des zeichnenden Fingers … und erraten Sie

dann: Was hat Ihr Partner Ihnen auf den Leib gezeichnet? Gut geeignet: einfache Figuren wie Kreis, Quadrat oder Herz (natürlich Nr. 1 der Hitliste), Buchstaben wie Ihre Intialen, Figuren wie Sonne oder Mondsichel. Die Übung trainiert die Gefühlsnerven, kleinste Hautmuskeln (die die Gänsehaut produzieren), das Emotionszentrum … und Ihr Großhirn macht sich aus all dem ein Bild.

22: Massage für den Mandelkern

Die nächste Übung ist gar keine, sondern Entspannung pur. Nehmen Sie ein angenehm temperiertes Bad, und versuchen Sie dabei, möglichst alle Sinne mit angenehmen Reizen zu verwöhnen: Tauchen Sie Ihr Badezimmer in Kerzenlicht, legen Sie sanfte Musik

Entspannung und Wohlbehagen stimulieren das Gehirn.

auf, geben Sie ein duftendes Bade-
öl in das Wasser, und massieren
Sie sich sanft mit einem haut-
schmeichelnden Badeschwamm.

Verwöhnen
Sie mal
Ihren
Mandelkern
Das tut nicht nur dem Körper,
sondern auch dem gefühlvollen
Mandelkern im Limbischen
System gut. Das Ganze geht na-
türlich ebenso mit Ihrem Partner.
Verwöhnen Sie sich gegenseitig,
und erleben Sie dabei, wie schön
Neurobic ist.

23: Drama zu Hause

Wann waren Sie zum letzten Mal
im Theater? In jedem Fall können
Sie auch zu Hause ein klassisches
Drama inszenieren.
Lesen Sie doch einmal zusammen
mit Ihrem Partner ein Schauspiel.
Ideal ist zum Beispiel Shakespea-
res »Romeo und Julia« in verteil-
ten Rollen. Lesen Sie die Rollen
nicht, sondern spielen Sie mit
vollem Einsatz, wie auf einer
Bühne! Seien Sie theatralisch,
sentimental, lustig, aggressiv, lie-
bestoll … Sie können sicher sein:
So viel Spaß macht Fernsehen nie.

24: Jagd auf den Bösewicht

Kaufen Sie den neuen Krimi
Ihres Lieblingsautors, den weder
Sie noch Ihr Partner kennen
(wichtig!). Dann lesen Sie sich
gegenseitig vor, wobei jeweils
nach zwei Druckseiten gewech-
selt wird. Bei diesen Wechseln
legen Sie einen Rätselstopp ein.

Die Frage lautet jetzt: Wie geht
es weiter? Spekulieren Sie ein
wenig, bevor Sie wieder vorlesen
bzw. zuhören. Auch zwischendurch können Sie immer wieder
phantasievoll Bilanz ziehen: Wer
ist wohl der Bösewicht, wie hängt
alles zusammen, und wie wird
wohl der Verbrecher gefasst?

25: Die Karajan-Übung

Sie hören gern klassische Musik?
Noch interessanter geht das so:
Legen Sie Ihre Lieblings-CD auf,
und übernehmen Sie den Part des

Zu Hause
dirigieren:
Notenlesen
ist dafür
nicht unbe-
dingt erfor-
derlich.

Dirigenten. Stellen Sie sich aufrecht in Position, winkeln Sie die Arme an, und beginnen Sie, das Orchester zu leiten. Wichtig dabei: Bleiben Sie tatsächlich genau im Takt der Musik, und geben Sie den jeweiligen Instrumentengruppen (Streichern, Holz- und Blechbläsern) die korrekten Einsätze. Sie werden das Werk mit ganz anderen Ohren hören.

26: Heldentenor

Sie singen gern? Dann können Sie statt zu dirigieren bei Ihrer Lieblingsoper einen Part übernehmen. Schmettern Sie einfach los! Es hört Sie ja in Ihrer Wohnung niemand. Anfangs werden Sie sich zwar ein bisschen seltsam vorkommen, aber Sie werden auch merken: Lautes Singen macht nicht nur Freude, es erfordert hohe sinnliche Aufmerksamkeit (schließlich singen Sie ja im Kontext der anderen Sänger) – und Singen befreit die Seele!

27: Klangvolle Farben

Manche Menschen hören Töne und sehen Farben. Der Maler Kandinsky konnte viele seiner Bildkompositionen so erklären. Das Phänomen heißt Synästhesie. Sie können ein »Hör-Spiel« daraus machen: Schließen Sie die Augen zu einer Musik, die Sie besonders aufwühlt. Welche Farben kommen Ihnen zu den Tönen in

den Sinn? Malen Sie einfach drauflos! Entsteht bei der Musik ein abstraktes Gemälde vor Ihrem inneren Auge? Bringen Sie es zu Papier. Im nächsten Schritt können Sie auch ein gegenständliches Gemälde aus den Tonassoziationen pinseln. Nehmen Sie sich dazu ein bestimmtes Thema vor, zum Beispiel »Landschaft«, »Gruppe von Menschen« oder »Porträt«.

Es kommt nicht darauf an, dass Sie ein perfektes Bild malen. Wichtig ist vielmehr, dass bei diesem Spiel der Phantasie zahlreiche Hirnzentren miteinander kommunizieren, die sonst weniger Kontakt pflegen.

28: Heiteres Geräuscheraten

Mit Geräuschen lässt sich ebenso ein nettes Spiel für den Kopf veranstalten. Packen Sie für Ihren nächsten Spaziergang durch die Innenstadt oder den Wald einen handlichen Kassettenrekorder (oder ein Diktiergerät) ein. Nehmen Sie dann die unterschiedlichsten Geräusche auf. Kommen Ihre Freunde zu Besuch, gibt es »heiteres Geräuscheraten«: Reihum rät jeder, wie der jeweilige Klangeindruck auf dem Band wohl zustande gekommen ist. Noch witziger: Der Nächste in der

Malen mit Musik – und die Kommunikation läuft im Kopf auf Hochtouren.

Ohne Worte etwas sagen, das erfordert Köpfchen und Körperbeherrschung.

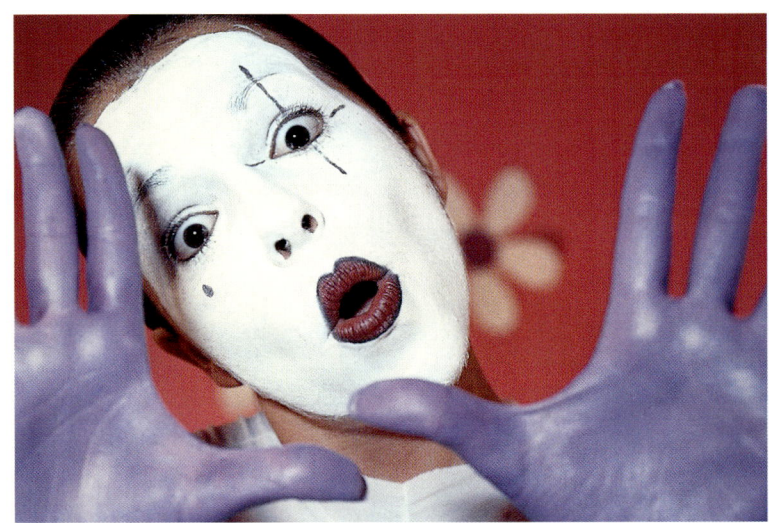

Runde muss das Geräusch dann mit dem Mund imitieren.

29: Pantomime

Noch ein Spiel im Freundeskreis, das Kopf und Körper zugleich aktiviert: Legen Sie ein Lexikon in die Mitte. Reihum schlägt jeder eine beliebige Seite auf und tippt mit geschlossenen Augen auf einen Begriff. Diesen Begriff stellt er dann pantomimisch dar. Die anderen raten, um was es sich handelt. Wenn sich Begriffe gar nicht eignen (Löwe und Auto sind einfach, aber Quantenteilchen?), muss noch mal getippt werden.

30: Gefühlvolle Party

Und auch dieses multisensorische Spiel macht in Gesellschaft noch mehr Spaß: Jeweils einer am Tisch bekommt die Augen verbunden, und der Nächste in der Runde sucht drei Gegenstände aus, die der »Blinde« per Tastsinn identifizieren muss. Natürlich gibt es bei dem richtigem Tast-Tipp eine Belohnung, etwa ein Glas Prosecco.

31: Rasselbande

Sie wollten immer schon in einer Band spielen? Leider können Sie weder Saxofon noch Schlagzeug spielen, geschweige denn Geige? Gründen Sie trotzdem eine Combo – in Ihrer Küche oder im Wohnzimmer. Laden Sie Ihre Freunde ein und sagen jedem, er soll ein »Instrument« mitbringen. Wer wirklich Gitarre oder Klarinette beherrscht, prima. Die anderen nehmen, was der Haushalt

Kochtopf, Rassel – fertig ist die Band

hergibt, etwa einen Kochtopf (als Trommel, mit Löffeln als Schlägern), eine Flasche (der Hals dient als Pfeife) oder eine Babyrassel, und dann machen Sie Musik. Spaß und Harmonie sind garantiert.

32: Die unendliche Geschichte

Als kreativer IQ-Entertainer können Sie noch eine Brainübung vorschlagen. Thema des Abends: Sie und Ihre Gäste denken sich einen Science-Fiction-Roman aus. Beginnen Sie mit einem haarsträubenden Einstieg. Nach etwa einer Minute spinnt der Nächste den Faden weiter, dann der Dritte usw. Ihrer Phantasie und der Ihrer Mitdenker sind keine Grenzen gesetzt. Dasselbe geht natürlich auch mit einem Liebesdrama – je kitschiger und skurriler, desto besser–, einem blutrünstigen Krimi oder vielleicht einem Horrormärchen aus der Welt der Fleisch fressenden Flugkakteen …

33: Lernen Sie Ihre Nachbarn kennen

Kennen Sie Ihre Nachbarn? Klar, unten Meier und nebenan Uschi. Aber wissen Sie auch, wer oder was sich sonst noch in Ihrer Umgebung tummelt? Versuchen Sie doch einmal, beim nächsten Spaziergang um den Block oder in den nahen Stadtwald genau zu identifizieren, was in Ihrer Nähe wächst: Wie heißen die leuchtend gelben Blumen im Blumenkasten Ihrer Nachbarn? Und wie fühlt sich das Moos am Mauerrand des Hauses gegenüber an? Lassen Sie sich überraschen, wie Ihre unmittelbare Umwelt vor Leben strotzt!

… weiterhin viel Spannung

Neurobics ermuntert Sie, die Sinne zu schärfen und die Welt neu zu erleben. Durch den ungewöhnlichen Input in Ihrem Kopf werden neue Leitungsbahnen gekoppelt und ein Neuronenfeuerwerk entfacht. Das ist mehr als Gehirntraining, das ist auch eine Lebenseinstellung! Ob Sie im Winter Curling ausprobieren, am Morgen auf Umwegen zur Arbeit gehen oder zu jonglieren beginnen: Jede Hürde, über die Ihr Gehirn springen muss, macht Ihren Kopf fit – und Ihr Leben spannend.

Curling, Jonglieren … bringt den Kopf in Topform

Lustvolles Finale

Was ist wohl das ideale Neurobics? »Sex«, meint Lawrence Katz, der Neurobics-Papst. Seine Begründung: Alle Sinne sind gefordert. Die Hirnzentren für die Verarbeitung von Sinnesreizen laufen ebenso auf Hochtouren wie Mandelkern und die emotionalen Schaltkreise im Kopf.

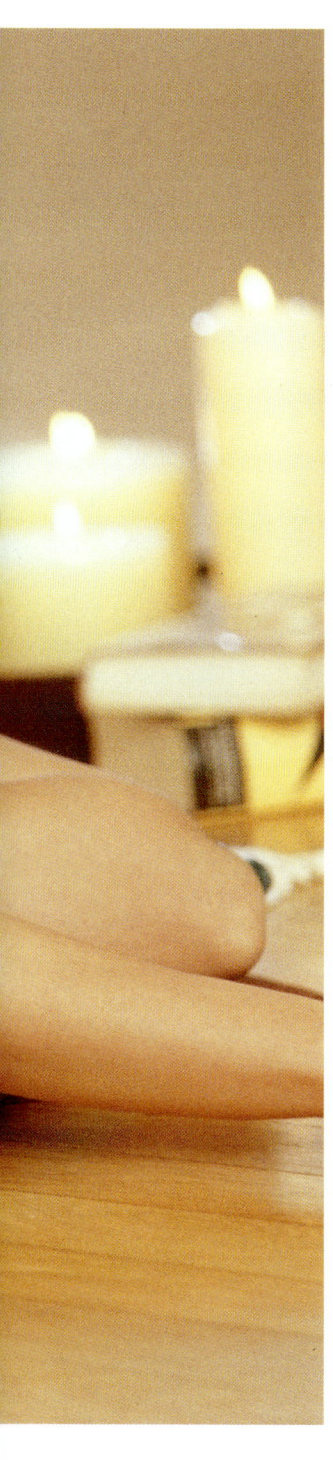

Mental gut drauf

Hormone schenken Geistes-
blitze, machen kreativ. Da der
Körper diese Wunderstoffe
selbst produziert, haben Sie
es in der Hand, Ihren Kopf auf
clever zu schalten. Denn mit
schlauer Ernährung und Sport
kurbeln Sie Ihre Hormon-
produktion an.

Doch nicht nur so machen
Bewegung und Ernährung
klug. Spezielle Sportarten
trainieren auch Ihren Kopf.
Und Brainfood liefert den
grauen Zellen genau die Nährstoffe, die sie benötigen.

Das dritte Geheimnis eines
topfitten Kopfes heißt »Detox
your mind«. Werfen Sie die
Infomassen, von denen Sie
täglich überrollt werden, über
Bord. Programmieren Sie Ihr
Gehirn auf mentale Entgiftung
und Entspannung!

Fitness für Ihren Kopf

Neben gezieltem Mentaltraining profitiert Ihr Kopf auch von einer gesunden Lebensweise. Denn alles, was Ihrem Körper gut tut, unterstützt ebenso Ihre grauen Zellen. Darüber hinaus können Sie mit der richtigen Ernährung und Sport auch Ihre Hormonproduktion ankurbeln – und diese kleinen Superstoffe bringen Ihr Gehirn erst so richtig in Gang!

Ohne Hormone ist im Kopf nichts los!

Hormone schenken dem Gehirn Fitness, Power, Jugend. Über sie bekommt der Kopf immer wieder neue Impulse. Das Entscheidende bei den Hormonen: Sie laufen über eine Art Regelkreislauf, d. h. Kopf und Körper steuern den Hormonspiegel selbst. Signalisiert der Organismus Bedarf, wird die Hormonproduktion angekurbelt. Das bedeutet: Alle Tätigkeiten, bei denen Hormone gebraucht und ausgeschüttet werden, treiben gleichzeitig die weitere Produktion eben dieser Hormone auf Hochtouren. Sie selbst können also die Bildung dieser Power-

stoffe fürs Gehirn auf Idealwerte pushen. Wie, das lesen Sie jetzt.

Testosteron: das Macho-Hormon

Giacomo Casanova war nicht nur ein legendärer Liebhaber, sondern auch ein höchst cleverer Taktiker bei der Planung seiner (meist geheimen) amourösen Abenteuer. Sein Trick: Vor einem erotischen Abenteuer aß er bis zu fünfzig Austern, und täglich verzehrte er rohe Eier. Das brachte Sexleben und Kopf gleichermaßen in Topform: Denn die Mischung aus Zink (in Austern) und Eiweiß regt die Bildung des Macho-Hormons Testosteron im Körper an. Dieses Hormon ist der Turbotreibstoff für unsere mentale

Aktivitäten: Testosteron schenkt geistige Power, macht den Kopf wach und aktiv. Es stählt die Willenskraft, steigert das Durchsetzungsvermögen und verbessert die Dynamik.

Bei Männern ist der Testosteronspiegel zehnmal höher. Doch auch bei Frauen hängt ein Hoch oder Tief von diesem Hormon ab. Und gleichgültig ob Mann oder Frau – schon ab Mitte zwanzig lässt die Testosteronproduktion allmählich nach. Zum Glück gibt es aber drei Möglichkeiten, wie Sie Ihren Testosteronspiegel auf Powerniveau heben können.

▶ **Sport mit Pausen:** Die Muskulatur produziert Testosteron, sobald sie angespannt wird. Dies funktioniert allerdings nur, wenn sie sich zwischendurch immer wieder erholen kann. Machen Sie täglich also zehn- bis fünfzehnmal eine Kraftübung, etwa Liegestütz. Dann legen Sie eine Pause ein und wiederholen die Übung in drei bis fünf Durchgängen.

▶ **Powernahrung:** Aus bestimmten Eiweißen, Vitamin B6 und Zink mixt sich der Körper Testosteron. Essen Sie deshalb reichlich Fisch und Meeresfrüchte, Weizenkleie, Nüsse und Kürbiskerne. Aber auch Hefeflocken, Bergkäse, Linsen, Sojabohnen und Camembert sollten regelmäßig auf Ihrem Speiseplan stehen.

Sex für die Hormone

> ## Wann hilft der Arzt?
>
> Stellt der Arzt im Blut einen dramatisch niedrigen Testosteronwert fest, kann er Testosteronpflaster, -cremes, oder -tabletten geben. Auch möglich: Das Hormon wird als Depot in einer sich langsam auflösenden Form ins Fettgewebe gespritzt. In den USA boomt Testosteron aus dem Pharmalabor. Nicht ungefährlich: Man weiß noch gar nicht genau, wie ein künstlich gepushter Testosteronspiegel etwa auf die Prostata wirkt.

▶ **Genießen Sie Sex** so oft und ausgiebig wie möglich! Körperliche Liebe treibt den Testosteronspiegel hoch. Denn was benötigt wird, das wird auch produziert.

STH: das kluge Mode-Hormon

Hollywoodstar Nick Nolte schwört darauf und lässt sich täglich seine Verjüngungsinjektion HGH (human growth hormon) geben – in Deutschland als somatotropes Hormon (STH) bezeichnet. STH wird in der Hirnanhangdrüse gebildet. Seine biologische Wirkung entfaltet es über die Bildung des »insulin-like growth factor«, IGF-1. Dieses Wundermolekül lässt nicht nur

Nicht nur
Sport lässt
Muskeln
wachsen,
sondern
auch das
Hormon STH.

Muskeln wachsen, Fettzellen schrumpfen und die Stimmung steigen. Es kann auch die Konzentration, Merkfähigkeit und das Erinnerungsvermögen verbessern.

Drei Wege zum Top-STH

Zum Glück brauchen Sie keine der sündhaft teuren Spritzen, denn STH können Sie selbst hochtreiben – und zwar so:

▶ Mit **Kraftsport im Grenzbereich**: Die Muskulatur produziert Wachstumshormon, sobald sie an ihre Grenzen stößt. Wenn Sie zehn- bis fünfzehnmal eine Hantel stemmen, erschlafft irgendwann die Muskulatur. Machen Sie dann nur ganz kurze Pausen von zehn bis dreißig Sekunden, registriert der Muskel:

Ich brauche mehr Muskelmasse – und die Hypophyse schüttet automatisch STH aus.

▶ Mit **eiweißhaltiger Kost**: Aus den Eiweißbausteinen Arginin und Lysin, Ornithin und Glutamin baut sich der Körper STH selbst. Eiweißreiche Powerkost (Soja, Fisch, mageres Fleisch, fettarme Milchprodukte) macht den Körper (unter anderem) zur STH-Fabrik.

▶ Mit **Dinner Cancelling**: Dieser »Verzicht aufs Abendessen« ist simpel: Ab 17.00 Uhr bleibt die Küche geschlossen. Es gibt dann nur noch Mineralwasser oder ungesüßten Tee zu trinken. Dadurch fällt der Blutzucker und damit der Wert des Insulins nachts ab. Das wird vom Hypothalamus gemessen. Er regt nun über die Hypothalamus-Hypophyseachse die Ausschüttung des »insulin-like growth factor« IGF-1 an. Damit schnellt auch das STH hoch.

Junghormon
STH aus
Power-
Eiweiß

ACTH: das Hallo-Wach-Hormon

ACTH bedeutet »adrenocorticotropes Hormon«. Es wird immer dann von der Hypophyse ausgeschüttet, wenn Körper und Geist gleichermaßen gefordert sind. Geben Sie sich selbst den optimalen ACTH-Kick – morgens ist die beste Zeit dafür: Durch lockere körperliche Bewegung locken Sie ACTH aus der Hypophyse; etwa indem Sie einige Bahnen zügig schwimmen oder durch sauerstoffreiche Morgenluft joggen. Aber ACTH macht noch mehr: Unter seinem Kommando schüttet der Körper die beiden Stresshormone Adrenalin und Noradrenalin aus. Die Wirkung dieser beiden Hormone ist allerdings sehr unterschiedlich.

Adrenalin: das Kampf- oder Flucht-Hormon

Das Stresshormon Adrenalin setzt der Körper frei, sobald er unter Druck gerät. Adrenalin programmiert den Organismus auf Kampf oder Flucht. Es macht aufgeregt und schlecht gelaunt, der Kopf kann nicht mehr klar denken. Das Beste gegen Akutstress: Gehen Sie zumindest in der Konferenzpause an die frische Luft, verfallen Sie in einen leichten Trab –

und wenn Sie wollen, schreien Sie laut. Damit können Sie akuten Stress »abatmen«.

Noradrenalin: das Geistesblitz-Hormon

ACTH setzt aber auch den Gegenspieler des Adrenalins frei: Noradrenalin, das positive Stresshormon. Unter dessen Einfluss sprießen im Gehirn mehr Dendriten, die Synapsen schalten auf Kontakt, die Informationshighways werden für neue Aufgaben turboartig ausgebaut. Noradrenalin lässt kluge Gedanken blitzen. – Auch die Produktion von Noradrenalin können Sie selbst steuern.

Info-Highways durch Noradrenalin

Positive Aufregung lockt Noradrenalin
Fordern Sie Ihren Geist mit Überraschungen – aber solchen, die keine negativen Stressgefühle auslösen! Ob Sie sich zu einer TV-Talkshow angemeldet haben oder

CRH: Der Startläufer der Stress-Stafette

Erst seit neuestem untersucht man einen mächtigen Gefühlsfaktor im Gehirn näher: das CRH (Corticotropin-Releasing-Hormon). Dieses Hormon aus dem Hypothalamus ist ein Freisetzungsfaktor und pusht in einer Kettenreaktion die Ausschüttung verschiedener Stresshormone. Welche – das können Sie selbst mitbestimmen: Wenn Sie sich locker und mit guter Laune körperlich bewegen, wird mehr vom Eustress-Hormon Noradrenalin ausgeschüttet. Zeitdruck, hohe Anspannung und Angstgefühle locken das Flucht-Hormon Adrenalin.

und Gehirn mit Sicherheit hoch. Denn Dopamin ist das Kreativitätshormon, das uns Phantasie und die Lust zu Spielerischem in den Kopf schickt. Dopamin wird immer dann in bestimmten Hirnzentren gebildet, wenn Sie in Ihrer Arbeit völlig aufgehen.

Östrogene: Brückenbauer im Gehirn

Östrogene sind die klassischen »Frauen-Hormone«. Doch wie beim »Männerhormon« Testosteron gilt auch für die Östrogene: Frauen und Männer brauchen sie gleichermaßen. Nur haben diesmal Männer davon insgesamt weniger im Körper.

● Östrogene wirken als Katalysatoren im Kopf und regen das Gehirn an, Brücken zwischen den synaptischen Nervenkontakten zu bauen.

● Sie bilden ein Enzym, das bei der Produktion von Acetylcholin beteiligt ist. Unter Östrogeneinfluss produziert der Kopf mehr Botenstoffe, die Gedanken fließen schneller, Konzentration und Merkfähigkeit sind erhöht.

Östrogene aus Pflanzen

Um den Östrogenspiegel hoch zu halten, sind Phytoöstrogene gut geeignet. Sie kommen besonders in Sojaprodukten vor wie etwa Sojamilch, -brotaufstrich,

Eine Berg-tour bringt auch den Kopf in Schwung. ob Sie sich am Fuß eines Berges befinden, den Sie erklimmen wollen: Wenn Sie plötzlich spüren, dass Sie sich darauf freuen, wissen Sie, dass Ihr Kopf in noradrenalingelenkten Bahnen denkt.

Eustress Ernährung

Unterstützen Sie Ihren Körper bei der Herstellung von Noradrenalin mit der richtigen Ernährung. Dazu braucht der Organismus die Aminosäure Phenylalanin – reichlich enthalten in magerem Fisch oder Geflügel, fettarmen Käsesorten und Soja.

Dopamin: das Picasso-Hormon

Wenn Picasso den Pinsel führte, war sein Dopaminspiegel im Blut

Pregnenolon: Wirkung auf NMDA-Rezeptoren?

Ein Hormon ist derzeit in der Diskussion: Pregnenolon. Dieses Hormon ist eine Vorläufersubstanz, aus der sich der Körper nach Bedarf zum Beispiel Progesteron zusammenbaut. Aktuelle Untersuchungen aber zeigen: Pregnenolon hat durchaus eine eigene Wirkung im Kopf. Es verbessert Konzentration sowie Denkvermögen und vertreibt Müdigkeit. Neueste Forschungen legen nahe, dass Pregnenolon sogar die Aktivität des »Schlauschalters« NMDA-Rezeptor (s. S. 18) auf Touren bringen kann.

-sprossen oder Tofu. Ob Sojapillen den Östrogenpegel ansteigen lassen, ist bislang unerforscht.

Progesteron: das Valium aus der Natur

Noch ein weiteres weibliches Hormon greift in den Stoffwechsel des Gehirns ein: Progesteron. Frauen bilden es in den Eierstöcken, Männer in der Nebenniere. Progesteron wirkt wie Valium: Es beruhigt und lindert Schmerzen. Ganz neue Erkenntnisse der Hirnforschung zeigen, dass Progesteron offenbar auch in Hirnzellen selbst gebildet wird. Stellt der Arzt einen Progesteronmangel fest, kann er das Hormon als Kapsel, Gel oder Zäpfchen verordnen.

DHEA: die mentale Stressbremse

Die Schauspielerin Iris Berben hat sich geoutet: Sie nimmt regelmäßig DHEA – zu deutsch: Dehydroepiandrosteron. Dieses Hormon wirkt im Gehirn als echte Stressbremse. Es verhindert, dass unter Einfluss des Dauerstresshormons Cortisol Gehirnzellen absterben.

Schnellere Neuronen

Einen weiteren Effekt des DHEA hat eine Arbeitsgruppe der Universität Wien nachgewiesen: Das Hormon greift direkt in den Nervenstoffwechsel im Gehirn ein. Es erhöht die Anzahl bestimmter Andockstellen (Rezeptoren) an den Hirnzellen. Dadurch kann das erregende Molekül Kalzium schneller in die Neuronen hineinströmen. Folge: Die elektrische Erregung in diesen Hirnzellen wird rascher weitergeleitet.

Für Ihre DHEA-Produktion können Sie ebenfalls etwas tun: Essen Sie Bierhefe, Vollkornprodukte, speziell aber Kakao und Paranüsse. Denn darin steckt Chrom, und dieses Spurenelement regt die Bildung von DHEA an.

Leicht erregbare Hirnzellen dank DHEA

Oxytocin:
das Orgasmus-Hormon

Morgen Abend sind Sie verab-
redet? Und alles deutet auf einen
heißen Flirt hin? Dann macht
sich Ihr Oxytocin schon mal
startklar. Denn Oxytocin ist das
Kuschel- und Orgasmushormon.
Bei Erregung wird es von den
Nervenzellen im Hypothalamus,
aber auch von der Hypophyse
ausgeschüttet. Es programmiert
den Kopf auf Sex: Oxytocin steigert das erotische Kribbeln,
macht die Haut sensibler für
Berührungen und die Nase emp-
fänglicher für Duftreize. Es regt
die sinnliche Phantasie an und
lässt uns Lust intensiver erleben.
Außerdem bewirkt Oxytocin, dass
sich während des Orgasmus die
glatte Muskulatur zusammen-
zieht, und zwar bei der Frau die
Muskeln der Gebärmutter und
beim Mann (während der Eja-
kulation) die Muskelfasern der
Samenleiter und Samenkanäle.

Melatonin:
das Schlummer-Hormon

Etwa zeitgleich mit DHEA setzt
auch ein weiteres Hormon zum
Sprung in die Kategorie »ameri-
kanische Wunderstoffe« an:
Melatonin wurde in den USA als
Junghormon für Geist und Kör-
per gefeiert. Gesichert sind heute
zwei Erkenntnisse:
● Das Zirbeldrüsen-Hormon
Melatonin hat eine hemmende
Wirkung auf die Effekte der ge-
fährlichen freien Radikale.

*Oxytocin:
wirkt auch
auf die
Muskulatur*

*Melatonin
signalisiert
dem Kopf:
Zeit zum
Schlafen-
gehen.*

● Melatonin lockt den Schlummer an. Sobald es abends dunkel wird, schalten Körper und Seele auf Schlafengehen. Melatonin fördert den Schlaf und damit die Regenerationsphase des Gehirns, das heißt: Schlafen Sie mindestens acht Stunden pro Nacht; danach ist der Kopf topfit.

Serotonin: das Glücks-Hormon

Serotonin lässt uns lachen, jubeln, triumphieren. Es ist vielleicht das Hormon, das in der Seele die schönsten Momente auslöst (nur Oxytocin ist ein ernsthafter Konkurrent …). Auch den Glücksbotenstoff Serotonin können Sie täglich selbst erzeugen:

▶ Walken, radeln, laufen Sie – locker, leicht, aber mit deutlicher Anstrengung. So, dass Sie sich gerade noch mühelos unterhalten könn(t)en. Dann schüttet der Kopf automatisch so viel Serotonin aus, dass Sie nach dem Sport noch Stunden auf einer Glückswelle schwimmen.

▶ Essen Sie Eiweiß plus Kohlenhydrate – zeitversetzt. Schlemmen Sie mageres Geflügel oder Fisch und eine Stunde später ein leichtes Dessert. Dann strömt die Aminosäure Tryptophan ins Blut, woraus der Kopf sich selbst Serotonin baut. – Jetzt haben Sie viel erfahren über die positiven Effek-

> ### Eine Depression muss der Arzt behandeln
> Ein ausgeprägter Serotoninmangel kann zu einer Depression führen – einer schweren und behandlungsbedürftigen Krankheit. Die Warnzeichen: dauernde Niedergeschlagenheit, Stimmungstief, dazu Schlafstörungen und Antriebslosigkeit. Reden Sie darüber unbedingt mit Ihrem Arzt!

te von Hormonen auf Ihren Geist. Es gibt aber ein Hormon, das geradezu ein Gehirngift ist: und zwar Cortisol.

Cortisol: das Dauerstress-Hormon

In Stress-Situationen schüttet die Nebenniere zunächst das Kurzzeitstresshormon Adrenalin aus. Hält die Alarmstufe jedoch länger an, schalten Hypothalamus und Nebennieren um: Sie schütten statt Adrenalin nun das Dauerstresshormon Cortisol aus. Doch hohe Dauerdosen von Cortisol greifen die Neuronen im Gedächtniszentrum an und durchlöchern ihre Zellmembran. Dadurch können nicht nur einzelne Nervenzellen im Gehirn absterben, sondern sogar ganze Areale zerstört werden.

Nervengift
Cortisol

Zum Glück können Sie wirksam vorbeugen: Regelmäßige Meditationsübungen (ab S. 110), aber auch Entspannungsverfahren wie Autogenes Training oder Yoga senken das Cortisol im Blut um bis zu 40 Prozent.

Traditionelle Medizinmänner von Naturvölkern behandeln ihre Patienten mit »Zaubersprüchen« und erzielen verblüffende Heilerfolge. Die moderne Medizin hat die Effekte derartiger mentaler Therapien überprüft.

Die Psychoneuroimmunologie gibt Antwort

Die Forschung der Psychoneuroimmunologie hat inzwischen eine klare Vorstellung davon, wie ungeheuer stark Gehirn und Psyche den Körper beeinflussen. Vor allem gilt dies für unsere Abwehrkräfte. Das Gehirn wirkt auf das Immunsystem besonders über die Stresshormone. Geht es uns gut, schütten wir das positive Stresshormon Noradrenalin und den Glücksstoff Serotonin aus. Die Folge: Wir sind gut drauf – uns kann auch keine Grippe packen. Stehen wir jedoch unter großer Anspannung, schüttet der Körper speziell das negative Stresshormon Cortisol aus. In hohen Dosen schädigt dieses nicht nur das Gehirn, sondern lässt auch die Zellen im Gedächtnismanager Hippocampus absterben.

Happy? Dann ist die Grippe chancenlos

Außerdem kann Cortisol die Immunabwehr dramatisch schwächen, indem die Produktion und Aktivität von Abwehrstoffen und Abwehrzellen unterdrückt wird.

Beruflicher Dauerstress kann die Abwehrkräfte schwächen.

Schlüsselsubstanz Interleukin-1

Inzwischen kennt man sogar die Kommunikationsbrücke zwischen Gehirn, Cortisol und Immunsystem: Es ist der Botenstoff Interleukin-1. Steht die Psyche unter hohem Druck, wird dieser Botenstoff durch den Cortisolreiz aktiv und legt die Abwehr lahm. Zum Glück kann man dieser negativen Stress-Spirale gegensteuern: Etwa mit Entspannungsübungen und der »Detox your mind«-Methode (siehe S. 104).

Clever essen: Brainfood

Über der Inselgruppe von Okinawa, zwischen Japan und China, liegt ein Geheimnis. Auf den winzigen Eilanden leben über 400 Hundertjährige; prozentual viermal so viel wie in westlichen Kulturen. Das Bemerkenswerte dabei: Auch die Ältesten auf Okinawa sind geistig topfit. Mehr als 25 Jahre lang untersuchte ein US-Forscherteam die Ursachen: Die Inselbewohner essen selten Fleisch, dafür aber Fisch, Gemüse, Obst und vor allem Soja. Die besonderen Eiweiße und die Isoflavone in Soja sollen in erster Linie für den »Okinawa-Effekt« – die geistige Fitness bis ins hohe Alter – verantwortlich sein.

Die fünf Schlaukomponenten

Der Megacomputer in unserem Oberstübchen benötigt für seine komplizierte Funktion einen fünffachen Hochleistungs-Mix von Nähr- und Vitalstoffen, um auf Idealtouren laufen zu können.

● **Kohlenhydrate:** Diese komplexen Verbindungen spaltet das Gehirn in ihre Einzelbausteine – die Glukose-Moleküle – auf. Sie sind sozusagen das Grundnahrungsmittel der Hirnzellen.

● **Eiweiße:** Proteine liefern das Grundgerüst für die Struktur der Nervenzellen. Aus ihnen baut sich das Gehirn aber auch die Neurotransmitter zusammen. Und ohne diese Nervenbotenstoffe können Gedanken und Gefühle nicht fließen.

Ohne Eiweiß fließen keine Gedanken

● **Vitamine:** Besonders Vitamin C und E schützen die Hirnzellen vor dem Angriff freier Radikale. Die B-Vitamine wiederum isolieren die Nervenbahnen und lassen damit die Impulse schneller durch den Kopf schießen (s. Tabelle S. 94).

● **Mineralstoffe:** Zu ihnen zählen unter anderem Kalzium, Natrium, Magnesium. Sie sind die

Die Neuronen hängen am Traubenzucker

Um seine Hochleistung rund um die Uhr erbringen zu können, verbraucht das Gehirn gewaltige Mengen Energie. Ein Fünftel der Energie im Körper frisst das Gehirn – bei einem Gewicht von gerade zwei Prozent der Körpermasse. Diese Energie gewinnt es aus der Nahrung. Die Neuronen selbst verarbeiten überwiegend reinen Traubenzucker (Glukose) als Nährstoff.

Gemüse ist der ideale Lieferant für Vitamine, Mineralstoffe und Spurenelemente.

Teilchen, die sich bei der Erregungsübertragung zwischen den Nerven aufladen und dann einen elektrischen Strom über die Außenhaut der Nerven fließen lassen. Ohne Mineralstoffe gibt es keinen Informationsfluss im Kopf (s. Tabelle S. 95).

● **Spurenelemente:** Diese kleinsten Bausteine der Nahrung erfüllen große Aufgaben im Gehirn: Sie arbeiten als Katalysatoren (Auslöser) im Stoffwechsel und kurbeln damit die Hirntätigkeit an wie Treibstoff einen Motor (s. Tabelle S. 95).

Die Gedanken hängen an den Aminosäuren

Das Eiweiß aus der Nahrung muss in seine Einzelbestandteile – Aminosäuren – aufgespalten werden, damit das Gehirn daraus seine Botenstoffe bauen kann. Und die Menge und Qualität der Aminosäuren entscheidet letztlich darüber, ob die Botenstoffkommunikation glatt läuft oder stockt. Eine besonders wichtige Rolle im Gehirnstoffwechsel spielen folgende Aminosäuren:

● **Carnitin** schützt Ihre sensiblen Gehirnnerven vor Zerstörung, indem es die Zellhäute (Membranen) stabilisiert. Vor allem enthalten in Fleisch und Milch.

● **Cholin** ist der Baustoff von Acetylcholin und damit ein besonders wichtiges »Hirnlebensmittel«. Cholin steckt in Eigelb, Leber, Vollkorn, Gemüse, Bierhefe.

● **Cystein** ist eine Aminosäure, aus welcher der Körper Glutathion, ein Schutzschild gegen freie Radikale, baut. Cystein steckt in Fisch, Fleisch, Geflügel, Milch und Milchprodukten, Käse, Soja und Hülsenfrüchten.

● **Glutaminsäure** (**Glutamat**) ist selbst ein Nervenbotenstoff. Glutamat macht das Gehirn wach, hilft beim Lernen und Behalten. Es ist besonders in frischem Fisch enthalten.

● **Isoleucin** ist ein wichtiger Ausgangsstoff für die Bildung mehrerer Nervenbotenstoffe. Es erhöht außerdem die mentale Belastbarkeit und Denkgeschwindigkeit. Isoleucin steckt reichlich

Glutaminsäure schaltet den Kopf auf Empfang

in Fisch, Fleisch, Hülsenfrüchten, Soja, Nüssen, Käse und anderen Milchprodukten.

● **Leucin** schenkt dem Gehirn Konzentration und Ausdauer. Vor allem Buttermilch, Kefir, Oliven und Avocados sind reich an Leucin. Und auch Nüsse – außer Erdnüssen und Kastanien.

● **Lysin** sorgt für den reibungslosen Ideenfluss. Enthalten in grünem Gemüse, Soja und Sprossen.

● **Phenylalanin** ist die Ausgangssubstanz für die Wachhormone ACTH, Noradenalin sowie für die Glücksboten Endorphine. Bestandteil von Bohnen, Erbsen, Linsen, Erdnüssen.

● **Taurin** kommt in vielen eiweißreichen Nahrungsmitteln vor und sorgt für starke Nerven.

● **Tyrosin** macht in hohen Dosen hellwach – über Stunden.

TIPP!

Besonders entspannt und gut gelaunt werden Sie nach dem Genuss von Hülsenfrüchten, Roten Beten, Rettich, Tomaten und Bananen sein. Alle enthalten nämlich die Aminosäure Tryptophan, aus der das Glückshormon Serotonin entsteht.

Damit der Körper es bilden kann, müssen Sie mageres Eiweiß essen. Tyrosin ist außerdem eine wichtige Vorstufe hirnaktiver Botenstoffe für Energie und gute Laune.

● **Tryptophan.** Wie Glutamat ist auch diese Aminosäure als Neurotransmitter aktiv und beruhigt uns. Darüber hinaus ist Tryptophan eine wichtige Vorstufe des Glückshormons Serotonin (s. Kasten oben).

Vorsicht Falle!

Sie sitzen seit Stunden vor dem Computer. Langsam beginnt der Bildschirm vor Ihren Augen zu flimmern, Ihre Konzentration sinkt von Minute zu Minute ... Wie können Sie Ihrem Gehirn jetzt den dringend benötigten Energiekick geben? Mit einem Schokoriegel? Irrtum. Zwar flutet der Zucker direkt vom Blut ins Gehirn und lässt die Ideen wieder sprudeln  – doch nur für ca. eine halbe Stunde. Der Glukoseschock im Körper lockt nämlich sofort Insulin ins Blut, das Antizuckerhormon. Und das lässt die Hirnenergie endgültig auf Null fallen. Besser: Eine Banane; sie enthält nicht nur lang wirksamen Zucker in Form langkettiger Kohlenhydrate, sondern auch noch den Happystoff Serotonin.

Vitamine für Nerven und Gehirn

VITAMIN	SO WIRKT ES	KOMMT VOR IN
Vitamin A	Schutzschild gegen freie Radikale, fördert auch das Sehvermögen.	Aprikosen, Butter, Eiern, Grünkohl, Kürbis, Leber, Möhren, Spinat
Vitamin B_1 (Thiamin)	Schützt die Hüllsubstanz um die sensiblen Nervenzellen sowie ihre Leitungen. Beschleunigt damit den Fluss der Gedanken und Gefühle.	Schweinefleisch, Nüssen, Kartoffeln, Leber, Hülsenfrüchten, Bierhefe
Vitamin B_2 (Riboflavin)	Beeinflusst den Stoffwechsel von Gehirnbotenstoffen. Macht dadurch geistesgegenwärtig und schlagfertig.	Blattgemüse, Eiern, Getreide, Huhn, Leber, Milch, Nüssen, Seefisch
Vitamin B_3 (Niacin)	Fördert die Bildung roter Blutkörperchen und damit die Sauerstoffversorgung des Kopfes.	Bierhefe, magerem Fisch und Fleisch, Geflügel, Gemüse, Weizenkeimen
Vitamin B_5 (Pantothensäure)	Wird bei der Bildung des Neurotransmitters Acetylcholin benötigt. Dank Pantothensäure laufen Entscheidungsprozesse im Kopf schneller ab.	Eigelb, grünem Gemüse, Gelée royale, Getreide, Hülsenfrüchten, Innereien, Milch, Weizenkleie
Vitamin B_6 (Pyridoxin)	Steuert die Bildung verschiedener Neurotransmitter. Regt die Bildung roter Blutkörperchen an, verbessert die Zuckerversorgung der Neuronen.	Avocado, Bananen, Getreide, Hülsenfrüchten, Leber, Muskelfleisch, Weizenkeimen
Vitamin B_{12} (Cobalamin)	Ist gemeinsam mit Folsäure, der Zwillingssubstanz des Vitamins B_{12}, an einer Vielzahl von Reparaturprozessen im Nervensystem beteiligt.	Eiern, Fisch, Fleisch, Käse, Leber, Milch, Niere
Vitamin C	Schutzschild gegen freie Radikale	Gemüse (besonders in Paprika und in allen Kohlsorten), Kartoffeln, frischem Obst, Sauerkraut, Zitrusfrüchten Toplieferanten: Acerolakirsche (1700 mg Vitamin C in 100 g) und Sanddorn (450 mg/100 g)
Vitamin E	Schutzschild gegen freie Radikale	grünem Blattgemüse, Eigelb, Distelöl, Olivenöl, Nüssen, Vollkorn

Mineralstoffe und Spurenelemente für Nerven und Gehirn

SUBSTANZ	SO WIRKT SIE	KOMMT VOR IN
Chrom	Lässt Glukose in die Neuronen strömen und sorgt so für geistige Frische.	Getreide, Honig, Kakao, Nüssen, Pilzen, ungeschältem Reis
Eisen	Ist das wichtigste Atom im roten Blutfarbstoff, dem Hämoglobin. Dieser transportiert den Sauerstoff zu den (Gehirn-)Zellen.	Aprikosen, Brot, Eigelb, Getreide, Grüngemüse, Fisch, Fleisch, Leber, Nüssen, Sojaprodukten
Jod	Notwendig für die Produktion von Schilddrüsenhormonen. Diese steuern den Stoffwechsel sowie die geistige und körperliche Entwicklung.	Algen, Artischocken, Bohnen, Eiern, Kresse, Krustentieren, Nüssen, Seefischen
Kalium	Es spielt eine Schlüsselrolle bei der Verwertung der Kohlenhydrate. Ist wichtig für die Nerventätigkeit.	Aprikosen, Bananen, grünem Blattgemüse, Bohnen, Fenchel, Fleisch, Pfifferlingen, Sojabohnen, Weizenkeimen
Kalzium	Ist für die Weiterleitung der Nervenimpulse von zentraler Bedeutung.	grünem Blattgemüse, Hülsenfrüchten, Lachs, Milch und Milchprodukten, Nüssen, Sardinen
Magnesium	Im Kopf entspannt Magnesium die Blutgefäße, stellt sie weit und verbessert damit die Blutversorgung. Es steigert auch die Erregungsübertragung.	Aprikosen, Bohnen, Datteln, Erdbeeren, Garnelen, Hafer, Karotten, Kirschen, Mandeln, Nüssen, Seezunge, Sojabohnen, Spinat, Getreide
Mangan	Dirigiert und überwacht den Stoffwechsel der Kohlenhydrate. Mit seiner Hilfe werden langkettige Komplexzucker in Einfachzucker umgewandelt; diese sind für das Gehirn wie maßgeschneidert.	Ananas, Hülsenfrüchten, Kakao, Nüssen, schwarzem Tee
Natrium	Das Mineral der schnellen Gedanken. Es lädt die Neuronen elektrisch auf und ist so dafür verantwortlich, dass Informationen von Nervenzelle zu Nervenzelle fließen.	Speisesalz, in allen gesalzenen, gepökelten oder geräucherten Nahrungsmitteln
Selen	Gehört zum Schutzsystem des Körpers gegen freie Radikale.	Eiernudeln, Fisch, Kohlrabi, Kokosnuss, Schweinefleisch, Steinpilzen

Sport mit Köpfchen: Brainsports

Johann Wolfgang von Goethe konnte einfach nicht still sitzen, wenn er dichtete. Er diktierte seinem Sekretär Johann von einem Stehpult aus und lief zwischen den Sätzen hin und her. Der Dichter aus Weimar tat damit genau das Richtige. Denn ein bewegter Kopf ist leistungsfähiger als der Geist in einem stillgelegten Organismus.

Sport macht 6 x klug

Neuesten Forschungen zufolge wirken Bewegung und das Training von Muskeln, Sehnen, Herz und Kreislauf sechsfach auf das Gehirn:

► Sauerstoff durchflutet den Kopf. Durch die bessere Durchblutung schwimmen gleichzeitig mehr Nährstoffe zu den hungrigen Hirnzellen.

► Durch Bewegungsreize werden mehr Neurotransmitter gebildet und ausgeschüttet. Auch die Hormone Serotonin, Dopamin und (bei stärkerer Anstrengung) Endorphine fluten massenhaft in den Kopf, machen die Gedanken klar und lassen Ideen sprudeln.

Sport aktiviert die grauen Zellen

► So genannte Aminosäure-Carrier werden besser genutzt. Diese Eiweißstoffe, die als »Taxis«

der Aminosäuren fungieren, transportieren z.B. Tryptophan und Tyrosin zu den Organen. Dort werden diese zu Serotonin, Dopamin, Noradrenalin zusammengebaut.

► Über mehrfach benutzte Nervenleitungen flutschen die elektrischen Impulse und damit die geleiteten Informationen einfach schneller. Das Phänomen nennt man die »Bahnung« elektrischer Impulse im Gehirn. Es bedeutet nicht nur, dass häufiger angespannte Muskeln immer leichter vom Kopf aktiviert werden. Es bewirkt auch, dass Signale in einem durch Bewegung sensibilisierten Kopf überhaupt rascher geleitet werden. Wer gut Frisbee spielt, der rechnet auch fixer.

► Bei regelmäßigem Sport bildet

Wer regelmäßig läuft, hält seinen Kopf in Schwung.

der Kopf mehr Neurotrophine. Das sind jene Wachstumsfaktoren, die verhindern, dass Neuronen absterben.

▶ Es bilden sich neue Verbindungen (Synapsen) zwischen den Neuronen und neue Nervenästchen (Dendriten).

Joggen – der Klassiker

Laufen macht gesund, schlank, ausgeglichen und schlau. Das wissen Sie schon? Dann müssen Sie es ja nur noch tun! Und zwar so: Laufen Sie einfach los. Langsam … gaaaanz langsam. Nein, noch langsamer. Am Anfang ein kleinschrittiger Trimmtrab, bei dem Sie nicht außer Atem geraten. Wird die Puste dennoch knapp, gehen Sie zwischendurch in ein energisches Walking über.

Das Zauberwort heißt Sauerstoff-Überschuss. Wenn Sie langsam laufen, bleibt der Kopf im Sauerstoffplus. Faustregel: in konsequentem Rhythmus dreimal einatmen, dreimal ausatmen. So lange Sie sich zwischen dem Atmen noch unterhalten könn(t)en, liegen Sie im richtigen Geschwindigkeitsbereich. Dabei passieren viele Dinge im Oberstübchen: Die Neuronen aalen sich in frischem Sauerstoff und werden sofort topfit. Die Produktion von Testosteron, Noradrenalin, Serotonin schnellt hoch. Ihr

Limbisches System bekommt einen Glückskick. Und Sie beschließen scharfsinnig: morgen früh dasselbe.

Your boots were made for Walking …

Man sieht sie am Morgen in jedem größeren Park: Menschen, die mit rudernden Armbewegungen energisch durch die Morgenluft marschieren. Was sie da tun, heißt Walking. Und so geht's: Halten Sie den (Ober-)Körper aufrecht und das Kinn parallel zum Boden. Die Schultern sind locker und entspannt. Die Arme schwingen beim strammen Gehen im Winkel von 90 Grad zum Körper vor und zurück. Und zwar gegengleich zu den Beinen. Rechter Arm/linkes Bein und umgekehrt. Achten Sie auf Folgendes:

TIPP!
Investieren Sie in Ihre Füße! Gute Laufschuhe sind zwar teuer, machen sich aber langfristig in punkto Gesundheit bezahlt. Denn regelmäßiges Joggen oder Walken mit dem falschen Schuhwerk belastet Gelenke und Wirbelsäule.

Joggen … und die Neuronen baden in Sauerstoff

▶ Bewusst ein- und ausatmen.
▶ Etwa 5 Meter nach vorn schauen.
▶ Schultern locker hängen lassen.
▶ Brustkorb anheben.

Auch beim Walken strömt – wie beim Joggen, nur langsamer anflutend – frischer Sauerstoff durchs Gehirn. Gleichzeitig trainiert die rhythmische Koordination des Bewegungsablaufes das Kleinhirn. Beim Durchstarten sollten Sie nie vergessen: Umwelt, Körper und Atmung bewusst wahrnehmen.

Radeln, bis die Seele jubelt

James-Bond-Darsteller Pierce Brosnan tut es, Pop-Ikone Madonna auch. Und fünfundvierzig Millionen Deutsche tun es ebenfalls regelmäßig – sie lassen ihr Gehirn durchpusten von frischem Wind, bewegen die Beine in einem gleichmäßigen Strampelrhythmus und regen die grauen Zellen durch neue Eindrücke an: Sie radeln, bis die Seele jubelt. Die Happy-Hormone Serotonin und die Endorphine überfluten Ihren Körper. Der Effekt: ein strömendes Glücksgefühl.

Legen Sie aber nicht gleich mit Volldampf los, sondern wärmen Sie sich in den ersten fünf Minuten auf. Fahren Sie zunächst nur mit 50% Ihrer möglichen Leistung. So kommt Ihr Körper schonend in Schwung!
Radeln ist geradezu das Paradetraining fürs Kleinhirn, das die Bewegungen koordiniert und dann die Bewegungsabläufe nach und nach ins Unbewusste speichert. Außerdem bekommt Ihr Kopf sechsmal mehr Sauerstoff und Nährstoffe, als würden Sie auf der Couch sitzen!

Radeln Sie sich langsam warm

Völlig losgelöst ... Aquatraining

Brainsports unter Wasser? Hört sich verrückt an. Ist es aber gar nicht: Aquatraining oder Aquajogging, wie es auch etwas irreführend genannt wird, verbindet auf ideale Weise Muskel- und Kreislauftraining mit einem Übungsprogramm für die Koordinationszentren im Gehirn – ganz besonders für das Kleinhirn. Als Ausrüstung brauchen Sie außer Badehose oder Badeanzug eigentlich nur eine Poolnudel. Das ist ein Schlauch aus Polyethylen, der schwimmt. Er hält Sie bei den Übungen über Wasser.

Drei clevere Wasserspiele

Alle Übungen ahmen (Sport-) Bewegungen nach, die Sie vom »Festland« kennen.
▶ **Rad fahren:** Setzen Sie sich aufrecht auf die Poolnudel, die unter Wasser einen länglichen Halbkreis formt. Strecken Sie die Arme aus, die Handflächen liegen auf der Wasseroberfläche. Dann

... auch das Kleinhirn bekommt sein Training

Übungen im Wasser trainieren Kopf und Körper.

»radeln« Sie mit den Beinen, genau wie beim Radfahren.

▶ **Schattenboxen:** Legen Sie sich auf Ihre Poolnudel. Ziehen Sie abwechselnd ein Bein und beide Arme an, dann strecken Sie kräftig und »explosiv« das angewinkelte Bein und boxen mit beiden Händen nach vorn. Durch diese Bewegung stoßen Sie sich automatisch etwas kaulquappenartig nach vorn.

▶ **Scherenschritt:** Strecken Sie Ihre Beine aus, und dann laufen Sie unter Wasser mit einer Scherenbewegung: Abwechselnd wird ein Bein nach vorn gestreckt, das andere gleichzeitig nach hinten abgespreizt. Den Oberkörper stützen Sie dabei auf Ihre Poolnudel. Neigen Sie sich dazu etwas nach vorn.

Tanzen: Die grauen Zellen im Tangoschritt

Tanzen ist wieder in. Beispiel Tango: In den meisten Großstädten gibt es inzwischen große Tango-Nights. Dort treffen sich keineswegs betagte Herrschaften, sondern junge Leute, die sich den wunderschönen sinnlichen Dreh aus den Slums von Buenos Aires mit echter Körperbeherrschung in den Kopf getanzt haben.
Tanz ist eine besondere Variante des Brainsports. Denn Tanzen verlangt von Ihren grauen Zellen:
● Körperbeherrschung und Konzentration;
● Rhythmusgefühl, um im Takt zu bleiben.
Außerdem wird das Kleinhirn trainiert, denn es ist das Koordi-

Optimales
Training

TIPP!

Es gibt interessante Tanzvari-
anten, die mehr die Kondition
fordern, das Kreislaufsystem
pushen und die Hirndurch-
blutung in Schwung bringen:
Jazzdance zum Beispiel ist,
in hoher Intensität betrieben,
Leistungssport pur für das
Gehirn.

nationszentrum der Bewegungen. Und Tanzen aktiviert das
Limbische System. Denn bei
diesem Partnersport sind ebenso emotionale Gehirnpartien
beteiligt.

Golf: Magie des Greens

Wer einmal angesteckt ist, der
kommt nicht mehr davon los. Zu
Recht. Denn Golf bietet für Gehirn, Körper und Psyche wirklich
das Optimum. Golf verlangt
nicht nur eine gute Kondition,
sondern auch (und vor allem):
▶ **Exzellente Konzentration.**
Denn den Golfball nicht nur
irgendwie zu treffen, sondern
mit dem ausreichenden Impuls
(sprich: Auftreffgeschwindigkeit)
genau am Sweet Spot – so nennen
Golfer den Punkt der idealen
Begegnung von Ball und Schläger – zu erwischen, das ist eine
Leistung der koordinativen
Meisterklasse.

▶ **Körperbeherrschung.** Der
Golfschwung ist alles andere als
eine »einfache« Bewegung. Sie
müssen vielmehr den seitlich
stehenden Körper aus der Hüfte
so drehen, dass die Arme lang
durchschwingend einen Ball, der
im Winkel von 90 Grad zum
Körper liegt, in 180 Grad zur
Blickrichtung transportieren.
Wer es versucht hat, weiß, was
gemeint ist.
▶ **Kraft und Ausdauer.** Die Profis
und oft auch die Amateurkönner
schlagen den Ball mit lässiger
Leichtigkeit. Aber gerade der
Anfänger muss die Schläger
hundertmal am Tag schwingen,
bis der Golfschwung sitzt. Das ist
echte Kraftarbeit. Und wer die
Hügel eines Golfplatzes auf und
ab gelaufen ist, weiß: Golf ist
tatsächlich anstrengend.

Stretching: Auch die Seele dehnt sich

Vor jedem Ausdauertraining sollten Sie Ihren Körper mit Dehn-
übungen vorwarnen. Doch auch
als eigenes Trainingsprogramm
wirkt Stretching Wunder – und
zwar im Kopf: Die Muskulatur
registriert die Anspannung nämlich sehr sensibel über eigene
Fühler. Diese Sensoren melden die
jeweilige und variierende Muskel-
spannung an das Kleinhirn, an
Thalamus, Limbisches System

und Großhirn. Sie erhalten postwendend Antwort über Neurotransmitter, über elektrische Nervensignale und Hormone. Dies hat zur Folge: Der Kopf wird aktiv.

So stretchen Sie richtig:

▶ **Atemübung:** Lassen Sie den Alltagsstress hinter sich, indem Sie beim Einatmen die Arme angewinkelt hinter den Kopf halten und sich beim Ausatmen auf den Knien abstützen.

▶ **Adlerhaltung:** Bei dieser Ganzkörperstreckung recken Sie die Hände von unten, so weit es geht, nach oben. Machen Sie sich dabei so breit wie möglich – wie ein Adler, der die Flügel ausbreitet.

Stretching sorgt für einen klaren Kopf.

▶ **Brust raus:** Zur Dehnung der Brustmuskeln ziehen Sie die gebeugten Ellenbogen auf Schulterhöhe nach hinten.

▶ **Schenkel, rührt euch:** Stellen Sie die Füße weit auseinander, dann verlagern Sie das Gewicht auf das allmählich immer stärker gebeugte rechte Bein. Nun dasselbe links. Wenn es im Oberschenkel (innen) des gestreckten Beines zwickt, wissen Sie: richtig gemacht!

▶ **Oberschenkelrückseite:** Verlagern Sie das Gewicht auf das hintere rechte Bein, strecken Sie den Po nach hinten, und beugen Sie sich mit geradem Rücken nach vorn. Dann das linke Bein. Generell gilt beim Stretching: Atmen Sie ganz gleichmäßig. Dehnen Sie nie in den Schmerz hinein, sondern stoppen Sie kurz vorher. Es darf zwicken, aber nicht beißen.

Wenn's zwickt, dann stimmt's

Jonglieren: Trickreiches Spiel mit Bällen

Nur wenige andere Brainsportarten fordern den Kopf auf so vielfältige Weise wie Jonglieren. Der Jongleur muss genau hinschauen; seine Nervenbahnen, die vom Sehnerv ausgehen, müssen jede Ballposition blitzschnell weitermelden.

Und so machen Sie es richtig:

● Entspannen Sie sich. Nehmen Sie (als Rechtshänder) einen Ball in die rechte und einen in die linke Hand. Werfen Sie den Ball der rechten Hand in einem hohen, möglichst runden Bogen Richtung linke Hand. In dem Moment, in

dem der Ball den höchsten Punkt der Flugbahn erreicht hat, werfen Sie den zweiten Ball von links nach rechts. Mit der jetzt freien linken Hand fangen Sie den ersten Ball. Während Ball zwei nun seinen höchsten Punkt erreicht und die inzwischen freie rechte Hand in Fangposition geht, schicken Sie Ball eins mit der linken Hand schon wieder in die Luft … und so weiter. Wenn es mit zwei Bällen so richtig flutscht, können Sie einen dritten Ball ins Spiel bringen.

Jonglieren erfordert höchste Konzentration und Koordination.

Bumerang: Ihr Kopf feiert das Comeback

Die australischen Aborigines sollen die Ersten gewesen sein, die den Bumerang virtuos warfen. Sie selbst können mit dem eigenwilligen Krummholz hervorragend Bewegung, Koordination, visuelle Wahrnehmung und räumliche Planung im Kopf trainieren. Die Spielregel ist denkbar einfach: Sie müssen das Wurfholz so schleudern, dass es zu Ihnen zurückkehrt. So geht's:
▶ **Übungsgebiet:** Suchen sie sich ein freies Feld (etwa einen leeren Fußballplatz), wo Sie niemanden gefährden.
▶ **Windrichtung prüfen:** Rechtshänder werfen das Krummholz in einem Winkel von etwa 60°

aus dem Wind heraus. Faustregel (als Rechtshänder): Beim Wurf sollten Sie den Wind genau auf der linken Schulter fühlen.
▶ **Wurfhaltung:** Halten Sie den Bumerang senkrecht zwischen Daumen und Zeigefinger. Auf gar keinen Fall waagerecht wie eine Frisbeescheibe!
▶ **Wurf:** Werfen sie den Bumerang wie einen Stein. Holen Sie über die Schulter aus, und werfen Sie das Holz kräftig nach vorn – nicht in den Himmel!
▶ **Der entscheidende Trick:** Den nötigen Spin (damit das Ding abhebt und nicht gleich auf den Boden klatscht) erreichen Sie, indem Sie das Handgelenk beim Wurf peitschenartig klappen.
▶ **Fangen:** Sollte das Wurfholz nach etwas Übung in einem weiten Bogen zu Ihnen zurückfliegen – Vorsicht! Schnappen Sie den Bumerang, indem Sie ihn zwischen die flachen Hände klatschen. Versuchen Sie nie, ihn mit einer Hand oder abgespreizten Fingern zu fangen – Verletzungsgefahr!

Frisbee: Faszination der fliegenden Scheibe

Ein optimales Gehirntraining ist Frisbee, denn es erfüllt alle Bedingungen für Brainsports pur:
● Die grauen Zellen bekommen durch die intensive Bewegung

Die Scheibe für den Kopf

eine kräftige Sauerstoffdusche.
- Da Muskulatur, Atmung, Kreislauf gefordert sind, schüttet der Körper das positive Stresshormon Noradrenalin aus.
- Das Noradrenalin brauchen Sie außerdem für Aufmerksamkeit und Konzentration.
- Kleinhirn und die übrigen Zentren der Bewegungskoordination sind aktiv.

Tischtennis: Das Hirn tickt im Klick-Klack

Wenn Könner Tischtennis spielen, ist die Geschwindigkeit rasant, mit welcher der Ball hin und her springt. Entsprechend hoch sind die Anforderungen an Gehirn und Bewegungsapparat. Sie brauchen zum erfolgreichen Tischtennisspiel ein blitzschnelles Auge und eine ebenso schnelle Auffassungsgabe. Ferner müssen Sie Ihre Bewegungen exzellent koordinieren. Insgesamt: Gehirntraining der S-Klasse.

Trampolin: Und die Psyche springt hoch

Kaum ein Sport verlangt so viel Körperbeherrschung – deshalb trainiert Trampolinspringen Kleinhirn (Koordination), Thalamus (Wahrnehmung) und Großhirn (Handlungsbefehle an Muskeln etc.) gleichzeitig. Und

das Tolle dabei: Trampolinspringen können Sie sogar zu Hause! Minitrampoline für Anfänger gibt es schon ab etwa 80 Euro.
Und hier noch ein paar Tipps:
- Halten Sie beim Springen Ihren Rücken gerade.
- Winkeln Sie Ihre Beine leicht an, und strecken Sie sie nicht kerzengerade (Verletzungsgefahr!). Knicken Sie Ihre Beine aber auch keinesfalls ganz ein – ein Fehler, den Anfänger gerne machen, aus der Angst heraus, zu hoch zu fliegen.

Trampolinspringen: Training mit Spaßfaktor.

Detox your mind

Der Sänger und Komponist Sting beginnt seit zwölf Jahren jeden Tag im Lotossitz. »Durch Yoga mache ich meinen Kopf frei, lade Körper und Geist mit neuer Energie auf«, meint er. – Er hat Recht. Neurowissenschaftler haben den wichtigsten Stressfaktor unserer Zeit identifiziert: Es ist – mehr noch als ständiger Termindruck – die permanente Informationsflut, die uns überschwemmt; die Datenmasse, die jeden Tag ungebremst und (zunächst) ungefiltert auf uns einströmt.

Höchste Zeit für die Entgiftung der Psyche

Als Notwehr gegen das flächendeckende Info- und Datenbombardement ist in den USA und England eine neue Bewegung entstanden. Sie heißt: »Detox your mind«. Frei übersetzt bedeutet das so viel wie: Kehr den Gedankenmüll aus Deinem Kopf! Die »Detox«-Philosophie warnt jedoch nicht nur davor, dass unser Bewusstsein durch permanente Reizüberflutung vergiftet wird. »Detox your mind« bietet auch Lösungen an.
Sie selbst können Ihren Kopf relativ leicht (und immer wieder zwischendurch) von den Toxinen der Reizüberflutung entgiften. Dazu müssen Sie allerdings aus dem fast unüberschaubaren Angebot geistiger Entspannungs- und Regenerationsverfahren die richtigen Methoden aussuchen.

Detox-Übungen: alltagstauglich & mit Spaßfaktor

Die Kriterien, nach denen wir die folgenden Verfahren und Übungen für Sie ausgewählt haben: Sie sollen den Kopf rasch und wirksam frei machen. Idealerweise spüren Sie ganz unmittelbar schon während der Ausführung, wie sich der Geist klärt, die Gedanken ordnen, die Psyche ruhiger wird und Sie allmählich entspannen. Es handelt sich außerdem um Übungen, die Sie

Ständige Reizüberflutung überfordert das Gehirn.

Körper und Seele in Aufruhr

»Die Folgen permanenter Infoüberlastung sind dramatisch«, erklärt Dr. med. Christoph Kurtz-von Aschoff, Chef der Psychosomatischen Abteilung der Habichtswald-Klinik Kassel. »Schmerzhafte Muskelverspannungen im Hals- und Nackenbereich, mit der Folge permanenter Rückenschmerzen, sind das häufigste Symptom der Reizüberflutung«. Typisch sind außerdem:

- Das Gefühl, ausgebrannt zu sein
- Kopfschmerzen
- Magenprobleme
- Niedergeschlagenheit
- Reizbarkeit
- Ständige Anspannung

in Ihr Alltags- und Berufsleben einbauen können. Das heißt: Morgens nutzen Sie das Training zum Auftanken von Energie. Und zwischendurch pusten Sie damit frischen Wind durch Ihren Kopf. Am Abend können Sie sich dann ganz entspannt dem Detoxprogramm widmen.

Ein weiteres Kriterium für die Auswahl der Übungen: Die Detoxschritte sollen Spaß machen. Damit die Glückshormone sprudeln und Ihnen helfen, Ihren Geist wieder auf »kristallklar« zu programmieren und Ihre Seele glücklich zu stimmen.

Mental den Kopf befreien

Manche der folgenden Übungen und Methoden basieren auf rein mentalen Techniken. Sie nutzen die bildhafte Vorstellungskraft in Ihrem Kopf, die Macht der Worte, Klänge und Imaginationen. An-

dere beziehen den Körper ein und schlagen die Brücke zwischen Kopf und Körper. Alle Übungen sind aber ausnahmslos so konzipiert, dass jeder (auch ein körperlich Untrainierter) sie leicht und mit Spaß schaffen kann.

Dolce far niente: Die leichteste Übung?

Die erste Methode, Ihren Kopf frei zu bekommen, ist geradezu kinderleicht. Tun Sie einfach das, was die Italiener »dolce far niente« nennen – das süße Nichtstun. Allerdings sollten Sie das Faulenzen als Detoxmethode schon systematisch betreiben.

▶ Vereinbaren Sie mit sich selbst Folgendes: Tun Sie täglich genau zwanzig Minuten gar nichts!

▶ Suchen Sie sich dazu einen absolut ruhigen Ort in Ihrer Wohnung. Eventuell (je nach Jahreszeit und Wetterlage) kön-

Nichtstun mit System

Gönnen Sie
Ihrem Kopf
täglich
eine kleine
Auszeit.

nen Sie Ihre Relax-Oase auch in die freie Natur verlegen. Sie sollte allerdings stets an derselben Stelle sein.

▶ Für drinnen gilt: Stellen Sie sicher, dass Sie nicht gestört werden. Hängen Sie das Telefon aus, und schalten Sie die Klingel ab. Machen Sie es sich mit einer Decke auf dem Sofa kuschelig bequem. Dann tun Sie absolut nichts, und zwar immer zur selben Zeit.

Die ersten drei Minuten werden Sie genießen, dann werden Sie vermutlich unruhig. Halten Sie durch! Plötzlich wird Ihr Kopf beginnen, auf Hochtouren zu laufen. Alles Mögliche fällt Ihnen jetzt ein. Ideen, Erinnerungen … Lassen Sie Ihren Gedanken einfach freien Lauf. Was immer Ih-

nen jetzt durch den Kopf geht: Es ist nicht gut oder schlecht, es ist einfach da. Allmählich werden Sie spüren, wie Ihr Gehirn einen Gang runterschaltet.

Mit einem Schrei zurück in die Action

Nach zwanzig Minuten geht es dann zurück in die »Action«. Stehen Sie kraftvoll auf, strecken Sie sich nach allen Seiten, und stoßen Sie einen kräftigen Schrei aus. Benutzen Sie dazu ein einsilbiges Wort: Etwa »Ja!!«, oder »Jetzt!!«. Dann hat der Alltag Sie wieder.

Kraftvolle
Rückkehr in
den Alltag

Einfach atmen

Der zweite Detoxweg ist genauso einfach und klar. Statt Nichtstun ist jetzt Atmen angesagt. Bei tiefen Atemzügen beruhigen sich Geist und Psyche, lockern sich die Muskeln. Außerdem werden alle Organe besser mit Sauerstoff durchflutet.

Atmen Sie tief ein, und spüren Sie die Kraft, die die frische Luft Ihnen zuführt. Atmen Sie eine Minute lang ganz bewusst tief ein und aus, dabei zählen Sie Ihre Atemzüge.

Stress und Reizüberflutung kann man aber noch gezielter regelrecht wepusten.

Geräuschvoll die Luft rauslassen

Eine besondere Methode des intensiven, bewussten Ausatmens ermöglicht es, den Geist zu befreien und Datenmüll aus dem Kopf zu kehren: das so genannte vokale Ausatmen. Und das geht folgendermaßen:

▶ Machen Sie es sich in liegender Position auf dem Boden oder auf einer stabilen Matratze (die Atemmuskeln von Brust und Oberbauch müssen frei arbeiten können) bequem. Atmen Sie ganz tief aus. Danach langsam wieder einatmen.

▶ Beim nächsten Ausatmen seufzen Sie leise den Vokal »A«. Dann atmen Sie wieder normal ein.

▶ Beim jetzt folgenden Ausatmen stöhnen Sie lauter, die Lippen

formen den Vokal »O«. Nun folgt eine weitere Steigerung der Lautstärke und Intensität des Stöhnens mit »U«.

Übrigens: nur die dunklen Vokale helfen. »E« oder »I« verspannen, sind also kontraproduktiv.

▶ Spüren Sie, wie Sie sich bei dieser lautstarken Ausatmung entkrampfen. Anfangs kostet es gerade sehr beherrschte Menschen Überwindung, so geräuschvoll zu atmen. Desto wirksamer ist dann aber die innere Entlastung.

Dunkle Vokale entspannen

Bitte lächeln!

Auch die nächste Methode, den Kopf frei zu bekommen, ist denkbar einfach: Lächeln Sie! Nutzen Sie jede Gelegenheit, sich mit einem strahlenden Lächeln aufzumuntern. Aber nehmen Sie sich auch ganz bewusst vor: In

TIPP!

Es gibt einen einfachen Trick, um mit der Atemluft zusätzlich Stress wegzuatmen. Die Formel lautet: »Tief ausatmen und zugleich lächeln«. Wenn Sie das konzentriert tun, können Sie gar nicht denken.

Besonders gut schalten die Gedanken ab, wenn Sie die Zunge leicht rollen und bei offenem Mund den Atemstrom über der Mitte der Zunge wahrnehmen.

der nächsten Stunde werde ich mindestens zwanzigmal lächeln. Auch wenn dazu kein Anlass besteht.

Dies zu tun, ist gar nicht albern, sondern wissenschaftlich begründet. So konnten US-Forscher zeigen, dass die Impulse aus der Lachregion im Gehirn nicht auf einer Einbahnstraße vom Hirn zu den Mundwinkeln verlaufen: Wenn die Teilnehmer nur willentlich die Mundwinkel hochzogen, gerieten die entsprechenden Neuronen im Gehirn auch bei diesem gespielten Lächeln in Erregung. Deshalb: Lächeln Sie zwischendurch ganz bewusst! Von Ihren zum Lächeln angehobenen Mundwinkeln ziehen elektrische Signale bis ins Gehirn. Das entstresst, lässt Sie die Dinge leichter anpacken und hebt tatsächlich Ihre Laune.

Die Kraft der inneren Bilder

Schenken Sie sich zwischendurch einen Schuss Lebensfreude und Energie! Wie? Mit der Macht Ihrer Erinnerung. Glücksmomente können Sie mit positiven Erinnerungen den ganzen Tag über herbeirufen.

Suchen Sie sich eine Ecke, in der Sie drei Minuten ungestört sind. Schließen Sie die Augen. Und jetzt überlegen Sie: Wann waren Sie das letzte Mal so richtig rundum glücklich? So, dass Sie vor Freude laut hätten singen können und alle Menschen am liebsten umarmt hätten?

▶ Rufen Sie sich diese Glückssituation ganz intensiv in Erinnerung. Lassen Sie das Erlebnis wie einen Film vor Ihrem geistigen Auge ablaufen, mit allen plastischen Details, mit allen Nuancen. Wo waren Sie genau? Welche Bilder haben Sie gesehen? Welche Geräusche haben Sie wahrgenommen? Haben Sie in diesem Moment ein Parfüm gerochen, oder hat es harzig nach Pinien am Mittelmeer geduftet? Tauchen Sie mit allen Sinnen der Erinnerung völlig ein in diese Situation.

▶ Jetzt passiert ganz automatisch etwas Wunderbares: Das Gehirn stutzt einen Moment, dann schaltet es um. Es bremst ruckartig den Strom negativer Gedanken und beginnt, Glücksendorphine auszuschütten.

Glückliche Momente machen auch in der Erinnerung happy.

Ein Schutzschild für die Seele

Basteln Sie sich morgens einen Seelenschutzschirm für den Tag:
1. Stellen Sie sich aufrecht hin, den Körper gerade, aber entspannt. Sie schließen die Augen und erleben ganz intensiv das innere Bild, das Sie jetzt malen.
2. Sie ziehen Energie aus der Erde, und diese Energie ergießt sich wie ein Wasserfall aus Lichttröpfchen über Ihren ganzen Körper. Die wunderbaren Lichtpartikel sind glänzend und kostbar. Sie fallen wie ein undurchdringbares Edelsteingewand über Ihren Körper. Sie hüllen ihn ein. Dieses Bild können Sie tagsüber immer wieder vor Ihr inneres Auge holen. Es schirmt Sie wirksam gegen Reizüberflutung ab.

Werfen Sie Anker

Eine der wirksamsten Methoden, um in stressigen und von Gedankenballast überfrachteten Alltagssituationen kurz innezuhalten und wieder Ruhe zu tanken, ist das sogenannte »Ankern«. Der Begriff stammt aus dem NLP (Neurolinguistisches Programmieren, eine psychologische Technik, mit der Wahrnehmung und Verhalten umprogrammiert werden können). Ankern bedeutet: Sie machen an einem von Ihnen selbst gewählten inneren Bild als Ruhepol fest.
Vorher müssen Sie allerdings ein paar Stoppschilder für Ihren überreizten Kopf malen. Denn Voraussetzung für das Ankern ist, dass Sie die Stressflut unterbrechen. Wenn Sie gerade mitten im Tohuwabohu zu versinken drohen, setzen Sie einen dicken Schlusspunkt. Sagen Sie laut zu sich selbst: »Stopp – Gedankenkontrolle!« Das hört sich zwar ziemlich extrem an, ist aber eine bewährte NLP-Methode. Durch diese klare Ansage an sich selbst stoppen Sie den Stressautomatismus. Hilfreich ist dabei folgender Trick: Kaufen Sie einen ganzen Stapel Post-Its (die kleinen gelben Klebezettel), und kleben Sie, sobald Sie Kontakt mit einem Stressauslöser haben, einen Zettel

Eine klare Ansage ans Ich stoppt den Stress

mit diesem Antistressbefehl darauf. – Das Telefon bringt Sie zur Weißglut? Bevor Sie abheben, sehen Sie jetzt den gelben Zettel: »Stopp – Gedankenkontrolle!«. Sie halten einen Moment inne … und halten damit das innere Programm an, das bei Infoüberflutung (seit Jahren antrainiert) in Ihnen abläuft, Sie gehorsam funktionieren lässt und Sie zum Stress-Sklaven macht. Wenn Sie dieses »Stoppen« wirklich drin haben, sind Sie bereit dafür zu ankern.

Endlich kein Stress-Sklave mehr!

Installieren – Ankoppeln – und dann wiederholen

Ankern ist eine Methode, bei der Sie ein intensiv visualisiertes inneres (Glücks-)Bild an einen »Türöffner« koppeln (s.u.).
▶ **Installieren:** Suchen Sie sich eine Szene aus, in der Sie ganz besonders glücklich waren, oder in der Sie ganz besonders gern wären. Etwa: Der Blick vom Gipfel der Zugspitze. Oder: Der Traumabend am griechischen Strand. »Installieren« Sie zuerst das innere Bild. Das bedeutet: Spüren Sie sich mit allen Sinnen intensiv in die Szene hinein, und malen Sie sie mit allen sinnlichen Details aus.
▶ **Ankoppeln:** Haben Sie die Situation ganz tief gespeichert, können Sie diese immer wieder abrufen und vor Ihrem inneren

Auge ablaufen lassen. Jetzt koppeln Sie: Denken Sie sich in Ihre Traumsituation hinein – und verbinden Sie dieses Erleben mit einer einfachen Bewegung, etwa einem Fingerschnippen.
▶ **Glücksformel:** Gleichzeitig sagen Sie dazu lautlos (aber innerlich klar und deutlich) eine Formel. Zum Beispiel: »Ich bin entspannt« oder »Ich bin glücklich«. Drei Worte maximal, nicht mehr.
▶ **Dann sitzt der Anker fest:** Nach einiger Übungszeit gelingt es Ihnen, allein durch Fingerschnippen und Formel das Strandbild sofort wieder in Ihnen lebendig werden zu lassen. Dann können Sie sich im größten Stress für wenige Sekunden ausklinken und Kraft tanken.

Die Glücksformel zurrt den inneren Anker fest

Meditation: Der Königsweg ins Alpha

Die ultimative Methode, um Stress und Gedankentrash zu entsorgen, ist Meditation. Sie stillt ein tiefes menschliches Grundbedürfnis: Jenseits des Alltäglichen zurückzufinden zu den Wurzeln des Ich – Meditation bedeutet spirituelle Versenkung.

Das Gehirn schlägt Wellen

Den Effekt von Meditation kann man messen. Zum einen durch

die Bestimmung des Stresshormons Cortisol. Aber auch durch die Hirnstrommessung. Denn wenn das Gehirn Ideen entwirft, Gedanken produziert und Gefühle bewusst macht, fließt über die Neuronenbahnen Strom.

1: Flammen-Meditation

Diese Meditation ist ganz simpel, und viele von uns haben Ähnliches schon ganz instinktiv gemacht. Nehmen Sie sich mindestens eine halbe Stunde Zeit. Setzen Sie sich ganz entspannt in einen störungsfreien Raum. Zünden Sie eine Kerze an, und blicken Sie aus etwa vierzig Zentimeter Entfernung in die Flamme der Kerze.

▶ **Atmen Sie ganz ruhig.** Richten Sie Ihre gesamte Aufmerksamkeit auf Ihre Atmung. Atmen Sie ganz bewusst ein … aus …ein. Dann beginnen Sie die Atemzüge zu zählen. Erst die Einatmung: fünfzigmal ein, Ausatmen nicht zählen. Dann die Ausatmung: fünfzigmal aus, Einatmen nicht zählen. Wenn Sie das ohne ablenkende Gedanken jeweils fünfzigmal geschafft haben, sind Sie bereits in einem Zustand meditativer geistiger Entspannung.

▶ **Jetzt vertiefen Sie sich in das Bild der Flamme:** Wie sieht das Feuer aus? Wie sind seine Farbnuancen? Wirft es Schatten?

Nun versetzen Sie sich imaginär ganz intensiv in die Mitte, in das Zentrum der Flamme: Spüren Sie die Hitze, die Lebendigkeit des Feuers. Denken Sie nichts mehr. Wenn Gedanken auftauchen, lassen Sie sie kommen … und gehen … fließen … kommen … und wieder gehen. Sie sind ganz im Herzen der Flamme.

▶ **Nach Ablauf der dreißig Minuten:** Wenden Sie den Blick von der Flamme. Dann markieren Sie ganz deutlich physisch und psychisch die Rückkehr zur Normalität:

Der Blick in die Flamme entspannt.

Recken und strecken Sie Arme und Beine, gähnen Sie. Dann springen Sie mit einem kräftigen Satz vom Meditationsort hoch. Sie können dabei auch einen Ruf loslassen – ein akustisches Signal an sich selbst: Ich bin zurück.

2: Sechzig Sekunden intensiv gefühlt

Diese ganz einfache Meditationsübung hilft Ihnen, sich zwischen Besprechung, Telefonaten und Stress am Computer wieder zu sammeln. Setzen Sie sich an einen ruhigen Ort und blicken ganz konzentriert auf Ihre Armbanduhr mit Zeigern (sonst auf eine Wanduhr). Halten Sie dies genau eine Minute lang durch. Folgen Sie bewusst den Bewegungen des

Eine Minute ganz bewusst wahrnehmen.

Sekundenzeigers – konzentriert, aufmerksam, wach. Denken Sie an nichts anderes, Sie nehmen nur wahr, wie der Sekundenzeiger unaufhaltsam vorantickt. Registrieren Sie aber auch, wie lang eine bewusst erlebte Minute wirklich ist. Wenn die Gedanken abschweifen, beginnen Sie von vorn. Und Sie merken: Das Leben ist so lang, wie Sie es wahrnehmen. 3600 tickende Sekunden in jeder Stunde. Jede davon können Sie bewusst erleben und genießen.

Spüren Sie die Zeit ... eine ganze Minute ist lang

3: Eine Viertelstunde Himmel

Noch eine scheinbar sehr einfache Meditation, geeignet für einen warmen Frühlings- oder Sommertag. Legen Sie sich ganz entspannt auf eine Wiese, und blicken Sie in den Himmel. Konzentrieren Sie sich wieder auf die Atmung. Einatmen ... ausatmen: Dabei jeweils zwanzigmal mitzählen. Dann lassen Sie das Atmen einfach geschehen und betrachten den Himmel: Ziehen Wolken vorüber? Lassen Sie Ihre Aufmerksamkeit mitziehen.
Atmen Sie tief. Allmählich spüren Sie ein Gefühl, als ob Sie sich in der Weite des Himmels auflösen könnten. Schon nach fünf Minuten lässt der innere Druck nach. Nach einer Viertelstunde sind Sie total entspannt.

Je weniger Cortisol, desto mehr Alphawellen

Meditation verringert messbar das nervenschädigende Stresshormon Cortisol, das im Blut unterwegs ist – und zwar um bis zu vierzig Prozent. Damit schützt Meditation das Gehirn vor Alterung und vorzeitigem Zelltod. Außerdem kann man durch Mes

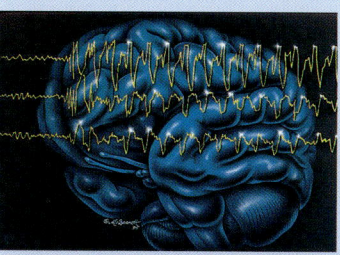

sungen der Hirnströme (EEG) zeigen: Die elektrischen Beta-Wellen im Gehirn, die ein Zeichen von Anspannung und Stress sind, werden durch Meditation zurückgedrängt. Dies geschieht zugunsten der Alpha-Wellen. Der Alphazustand im Kopf bedeutet Regeneration und kreative Kraft für die grauen Zellen.

4: Der Info-Flut die Stirn bieten

An Ihrer Stirn lässt sich ablesen, was gerade in Ihrem Kopf vorgeht. Wer sich stark konzentriert oder angestrengt nachdenkt, der runzelt instinktiv die Stirn, oder genauer: den mittleren Stirnmuskel (Frontalismuskel). Umgekehrt wirkt dieser Muskel auch auf unser körperliches Befinden. Dies hat sich bei der Behandlung chronischer Verspannungs- und Schmerzzustände durch Biofeedback (ein medizinisches Verhaltenstraining) gezeigt: Gelingt es, den Frontalismuskel zu entkrampfen, entspannt sich der ganze Körper.

Diese Erkenntnisse nutzen Sie bei Ihrer nächsten Meditation.

Setzen oder legen Sie sich in eine entspannte Position. Jetzt stellen Sie sich ganz plastisch vor, wie Sie Ihre Stirn entspannen. Malen Sie sich Folgendes aus: Bei jedem Atemzug zieht die ausgeatmete Luft sanft wie ein Hauch über Ihre Stirn und glättet sie. – Mit den Stirnmuskeln glätten sich auch Ihre Gedanken!

5: Vorbereiten zum Abflug

Stellen Sie sich aufrecht hin, Füße schulterbreit auseinander. Atmen Sie tief und bewusst. Nun beginnen Sie, mit den Schulterblättern zu kreisen. Stellen Sie sich vor, diese Übung wäre der erste Schritt dazu, gleich wie ein Adler die Schwingen auszubreiten und loszufliegen.

So bekommen Ihre Ideen Flügel

Atmen Sie gelassen und so tief aus, wie Sie können. Senken Sie den Blick zu Boden, und schließen Sie die Augen. Dann die Augen öffnen, die Blickrichtung ist jetzt waagrecht. Nun schwingen Sie mit den Armen wie ein Vogel beim Abflug. Sie werden spüren: Plötzlich bekommen auch Ihr Selbstbewusstsein und Ihre Ideen Flügel …

Musik anschalten und abschalten?

Wer rasch abschalten und entspannen will, kann dies mit Musik per Kopfhörer tun. Es gibt spezielle Meditationsmusik, welche die rechte und linke Hirnhälfte miteinander harmonisiert. Und das geschieht so: Per Frequenzwechsel lenken die Kompositionen die Klangintensität abwechselnd auf das eine, dann wieder auf das andere Ohr. Durch den Wechsel von 100 auf 110 Hertz und wieder zurück entsteht eine Art Schwebezustand in der Mitte des Kopfes. Dieser verlangsamt die Hirnströme und entspannt so das Bewusstsein. Bei Messungen der Hirnströme (EEG) wurde dieser Effekt übrigens nachgewiesen.

Auch Klassik befreit den Kopf Es muss aber nicht unbedingt Meditationsmusik sein. Einige klassische Musikstücke kehren den Kopf ebenfalls ganz besonders gut

TIPP!
Wer zeitgenössische Musik bevorzugt, der kann bei den Klängen des estnischen Komponisten Arvo Pärt entspannen. Wunderbar ist: »Tabula Rasa«, und daraus »Fratres«.

vom täglichen Infomüll frei. In den Werken von Händel und Bach findet sich oft eine durchgehende Stimme (vokal oder instrumental), die ganz strikt und fast hypnotisch einen Takt von etwa sechzig Schlägen pro Minute einhält. Der Körper versucht instinktiv, seinen Herzschlag dem Takt der Musik anzugleichen. Durch diese einfache Form der Entspannung können Sie allmählich in den Alphazustand gleiten. Die teilweise stark suggestiven spätromantischen Klänge der Musik Gustav Mahlers wirken intensiv auf die Seele. Besonders die Symphonie Nr. 5. Und, in ihrer Wirkung einzigartig, die Sphärenklänge des letzten Satzes von Symphonie Nr. 9.

Meditation in Bewegung

Macht es Ihnen keine Freude, lange still zu sitzen bei meditativen Entspannungsübungen oder Musik? Dann ist für Sie Bewegungsmeditation vielleicht die geeignetere Variante.

▶ Zunächst wählen Sie eine ruhige Musik mit einem langsamen, aber dynamischen Rhythmus aus (hervorragend: »Bolero« von Maurice Ravel). Sorgen Sie zusätzlich mit Kerzen und Duftlampen für eine entspannte, wohltuende Atmosphäre.

Wer sich gerne bewegt, für den ist Tanzmeditation genau das Richtige.

▶ Nun gehen Sie mit gleichmäßigen Schritten, in gleicher Schrittlänge und im Takt zum Rhythmus der Musik, zunächst im Kreis. Dann beginnen Sie, im Rhythmus der Musik gleichmäßig zu atmen.

▶ Lassen Sie jetzt Ihren Oberkör-

per und die Arme mitschwingen. Dabei formen die Arme weit ausladende, runde Bögen.

▶ Schließlich beziehen Sie den ganzen Körper in die ruhige, aber kraftvolle Bewegung im Takt des Bolero (oder Ihrer Wunschmusik) ein: Gehen Sie »wie ein stolzer Kranich« mit weit ausladenden Tanzschritten beschwingt und befreit durch den Raum. Wenn Sie wollen, summen oder singen Sie mit. – Denken? Das können Sie jetzt wirklich vergessen. Sie können spüren, wie Ihr Kopf sich von Überflüssigem leert. Was bleibt, ist Musik, Rhythmus, Körpergefühl. Wetten, dass beim letzten Bolerotakt automatisch ein Lächeln auf Ihrem Gesicht liegt?

Meditatives Laufen

Eine interessante Variante der Bewegungsmeditation ist das meditative Laufen. Es funktioniert so:

▶ Laufen Sie ganz locker und entspannt, drehen Sie lächelnd Ihre Runden. Konzentrieren Sie sich jetzt auf Ihre Atmung. Stellen Sie sich vor, wie mit jedem Ausatmen Stress und Gedankenmüll Ihren Körper verlassen. Beim Einatmen spüren Sie, wie frischer Sauerstoff in Ihren Kopf flutet.

▶ Zählen Sie die Schritte. Bei jedem dritten Schritt atmen Sie

Laufen und dabei meditieren – fühlt sich toll an!

ganz tief aus und sagen dabei die magische Silbe »Om«. Allmählich werden Sie ganz im Rhythmus von Lauf, Schrittfolge und Formel aufgehen.

Dem Kopf die Spannung nehmen

Eine klassische Methode, Anspannung zu lösen, Körper und Geist gleichermaßen zu entkrampfen, ist die Progressive Muskelrelaxation (Muskelentspannung) nach Jacobson. Das Prinzip: Sie spannen aus einer entspannten Körperlage heraus gezielt Muskeln an und lösen dann die Spannung bewusst. Sie werden merken, wie wohltuend es sich anfühlt, wenn die mit hoher Kraft gespannte Muskulatur sich lockert.

Entspannte Muskeln lockern auch den Geist

Sechs spannende Übungen

Legen Sie sich bequem auf eine weiche Decke auf den Boden, Schuhe aus und Gürtel locker. Spannen Sie nun jede Muskelgruppe Ihres Körpers in der angegebenen Reihenfolge an, und entspannen Sie sie dann ganz bewusst wieder:

▶ Ballen Sie Ihre Fäuste so fest wie möglich zusammen, und halten Sie die Spannung zehn Sekunden. Dann lösen Sie sie. Wiederholen Sie den rhythmischen Wechsel von Anspannung und Entspannung dreimal. Jetzt öffnen Sie die Hände und bleiben ganz ruhig und gelöst liegen.

▶ Spannen Sie nun die Oberarmmuskeln an. Nach zehn Sekunden dasselbe wie bei den Händen: Spannung lösen und die Arme ganz locker neben den Körper legen.

▶ Danach machen Sie ein verkrampftes Gesicht: Die Stirn runzeln, Augenbrauen hochziehen, Augen fest schließen und die Lippen spitzen. Setzen Sie Ihr Gesicht bewusst unter Hochspannung. Dann wieder alles entspannen.

▶ Ziehen Sie den Kopf nach oben und nach vorn, so dass Ihr Kinn die Brust berührt. Zehn Sekunden, dann lockern.

▶ Machen Sie einen Katzenbuckel. Krümmen Sie den Rücken »wie ein Kater«, und spannen Sie dabei die Gesäßmuskeln an. Nach zehn Sekunden können Sie sich lockern.

▶ Spannen Sie die Bauchmuskulatur so fest an, als stünde Vitali Klitschko vor Ihnen und hätte Ihnen einen Schlag in den Magen angedroht. Nach zehn Sekunden lösen Sie die Spannung.

Spannen Sie den Bauch wie ein Profiboxer

Bleiben Sie nach der letzten Übung einige Minuten ganz entspannt liegen. Genießen Sie es, gelöst und locker zu sein, und verinnerlichen Sie dieses Gefühl. Trainieren Sie, sich in Spannungssituationen (auch wenn Sie die Muskeln gerade nicht an-

Muskelent-
spannung
zwischen-
durch sorgt
für einen
klaren Kopf.

spannen können) diese Ent-
krampfung intensiv vorzustellen.
Denn mit entsprechender Übung
können Sie diese Entspannung
auch erreichen, wenn Sie die
Muskeln gar nicht bewegen.
Dann reicht es, den Rhythmus
von An- und Entspannung intensiv ins Gefühl zu holen.

Denkblockaden abbauen

Auch dies ist ein Effekt der Daten-
flut: Irgendwann macht der Kopf
einfach zu. Geschlossen wegen
Überfüllung. – Natürlich nicht
physisch (das Gehirn hat unglaubliche Leistungsreserven in
seinen 100 Milliarden Neuronen
stecken), aber psychisch. Ihnen
kommen keine Ideen mehr, Sie
können Ihren Job nicht mehr

richtig machen. Das nennt man
Denkblockade. Alle bisher geschil-
derten Detoxtechniken helfen,
dem vorzubeugen. Doch Sie
können dem Gefühl »bald macht
mein Kopf dicht« im wahrsten
Sinne des Wortes handfest begegnen. Und zwar mit einigen
einfachen Handgriffen.

Großer Lauscherangriff

Legen Sie Ihre leicht gerundeten
Hände mit der ganzen Handfläche
auf die Ohrmuscheln. Die Finger
sollten dabei Richtung Hinterkopf
zeigen. Lauschen Sie zunächst dem
Geräusch, das Sie jetzt hören: Es
ähnelt dem »Rauschen des Oze-
ans«, das Sie hören, wenn Sie an
einer Muschel horchen. Nun beginnen Sie, langsam und bewusst

Neue
Energie
mit jedem
Atemzug

zu atmen. Stellen Sie sich bildlich vor, wie Sie mit jedem Atemzug frischen Sauerstoff und neue Energie atmen. Folgen Sie in Ihrer Phantasie dem Fluss des Blutes: Es pulsiert kraftvoll von den Händen, in denen Sie die Energie zuerst sammeln, über die Ohren auf direktem Weg in den Kopf. Drücken Sie die Handflächen kräftig gegen die Ohrmuscheln. Dadurch entsteht in den Ohren ein leichter (ungefährlicher) Unterdruck. Pumpen Sie diesen Druck zehnmal in die Ohren – dann lösen. Das ganze noch einmal. Und Ihr Kopf fühlt sich befreit!

Fledermausohrmassage

Fassen Sie Ihre Ohrmuscheln mit Daumen und Zeigefinger. Ziehen Sie die Ohren sanft, aber energisch nach hinten, vom Kopf weg. Sie bringen sie dadurch in eine Art Fledermausohrenform. Beginnen Sie mit sanfter Massage oben am Ohr, und massieren Sie die Rundungen entlang bis zum Ohrläppchen. Das stimuliert über 400 Akupunkturpunkte. Viele dieser Punkte wirken sich unmittelbar auf die Gehirnfunktion aus: Die Fledermausohrmassage verbessert die Aufmerksamkeit, stärkt die Konzentration und löst die Gedanken, wenn Sie sich im Infoschlamm festgefahren haben.

Indische Kopfmassage

Diese Technik der Kopfmassage stammt aus Indien. Suchen Sie mit den Fingerspitzen nach Gefühl (ohne Spiegel) die zwei Punkte über den Augen, die horizontal genau in der Mitte der Augenbraue und vertikal zwischen dem Haaransatz und den Augenbrauen liegen. Massieren Sie diese Stellen ganz sanft, dann energischer, bis es unangenehm wird oder die Haut leicht (!) gerötet ist. Diese sanfte Massage fördert die Durchblutung des Gehirns und baut Gedächtnisblockaden rasch ab.

Schlagen Sie Wurzeln – für frische Energie

Fix und fertig? Diese ganz einfache Energieübung gibt Ihnen einen Schuss frische Kraft. Sie ist dem Qi-Gong, der uralten chinesischen Heilmethode, entlehnt. Das Prinzip besteht darin, gezielt Ihr Körpergewicht zu verlagern. Dadurch ändert sich dann nach Qi-Gong-Auffassung auch die Gewichtung im Inneren.

▶ Stellen Sie Ihre Füße parallel zueinander und schulterbreit auseinander. Dann verlagern Sie Ihr Gewicht auf Ihr schwächeres Bein. Spüren Sie intensiv, wie das Gewicht auf diesem Bein ruht, wie auf einem massiven antiken Sockel.

Verlagern
Sie auch
Ihr inneres
Gewicht

▶ Strecken Sie das andere Bein ein paar Zentimeter weiter zur Seite. Verteilen Sie jetzt Ihr Körpergewicht auf der Standbeinsohle ganz gleichmäßig. Fühlen Sie genau, wie dieser Fuß die ganze Last Ihres Körpers trägt.

▶ Dehnen Sie jetzt Ihre Energie durch den Standfuß hindurch so weit in den Boden aus, wie Ihre Energie reicht. Das geht gut mit der Vorstellung: »Mein Bein ist eine Wurzel, mit der ich verankert bin.« – Gelingt Ihnen diese Vorstellung und spüren Sie den Energiefluss, werden Sie vielleicht ein Wärmegefühl im Bein und dann im ganzen Körper wahr-

nehmen. Dies zeigt, wie der ganze Organismus auf das mentale Energieprogramm reagiert. – Stellen Sie sich nun vor, wie Sie ähnlich einem Baum Kraft aus dem Boden ziehen.

▶ Dann verlagern Sie langsam, mit fließenden Bewegungen, das Gewicht und das Gleiche praktizieren Sie mit dem anderen Fuß: Saugen Sie jetzt über diese Wurzel allein durch die Intensität Ihrer Imagination und Wahrnehmungskraft neue Power in Ihren Kopf und Körper.

Nach Vorstellung des Qi-Gong fließt jeweils Lebensenergie von der linken in die rechte Körper-

Auch die Massage der Schläfenpunkte macht den Kopf frei.

Befreien Sie sich von Stress und Ärger im Büro.

seite und umgekehrt. Sie jedenfalls fühlen sich nach dieser Übung erfrischt und gestärkt.

Weg mit dem Stress!

Sie würden am liebsten Ihrem Chef die Meinung sagen oder vom Konferenztisch aufspringen und schnaubend wie ein Stier davonrennen? Aber dann sind Sie gefeuert? Lassen Sie doch ganz einfach zwischendurch Dampf ab! Machen Sie in der Mittagspause einen strammen Spaziergang. Atmen Sie ganz bewusst und tief ein. Und jetzt atmen Sie aus. Es geht nicht mehr? Doch! Spitzen Sie die Lippen und pressen auch noch die letzte Luft aus der Lunge. Sie werden sehen – es kommt

tatsächlich noch etwas. Jetzt wieder tief einatmen. Wiederholen Sie das Ganze zwanzigmal.

Es gibt noch eine andere Möglichkeit, Stress ganz schnell loszuwerden. Allerdings brauchen Sie dazu ein ruhiges Eckchen im Park: Werfen Sie Ihre Arme in die Luft, und rufen Sie dazu so laut es geht: »Juhuuuh!« Am Ende dieses Schreies lächeln Sie ganz bewusst. Diese Übung wiederholen Sie zehnmal. Das kommt Ihnen albern vor? Ist es aber nicht! Untersuchungen an Freiwilligen zeigten: Ihr Cortisolspiegel sank rapide dank dieser »Therapie«, und damit auch der Stresslevel. Und Sie selbst werden sofort merken, wie Ihre Gedanken wieder klar werden und Sie befreit aufatmen.

Erst schreien, dann lächeln – und Sie atmen auf

Zum Nachschlagen

Glossar

Acetylcholin: anregender Nervenbotenstoff

ACTH: adrenocorticotropes Hormon – steuert die Produktion von Stresshormonen sowie von männlichen Geschlechtshormonen

Adrenalin: Stresshormon, wird bei Aufregung oder akuter Gefahr ausgeschüttet

Aminosäuren: Eiweiß-Bausteine

Amygdala: Mandelkern – Gefühlszentrum innerhalb des Limbischen Systems

Computer-Tomographie (CT): Röntgen-Schnittbildverfahren

Cortex: graue Rinde des Großhirns, die ausschließlich aus Nervenzellen besteht – die berühmten »grauen Zellen«

Cortisol: Stress-Hormon

Dendriten: Nervenästchen, über welche die Nervenzellen kommunizieren

Detox: Entgiften (engl.), von Toxin = Gift

DHEA: Dehydroepiandrosteron – Hormon, das unter anderem als Gegenspieler des Stresshormons Cortisol wirkt

Dopamin: Kreativitätshormon

EEG: Elektroencephalogramm – Untersuchungsmethode, bei der die Hirnströme abgeleitet werden

Endorphine: Körpereigene Glücksbotenstoffe, chemisch den Opiaten verwandt

Freie Radikale: Sauerstoffverbindungen, die die Zellen angreifen

Frontallappen: Teil des Großhirns; unter anderem Sitz der Persönlichkeit und des kritischen Denkens

GABA: Gamma-Amino-Buttersäure – hemmender Nervenbotenstoff

Glutamat: Nervenbotenstoff

Großhirn: in zwei Hälften geteilt, bedeckt die gesamte übrige Hirnmasse wie ein Helm

Hinterhauptlappen: gehört zum Großhirn; hier werden visuelle Informationen verarbeitet

Hinterhirn: liegt unterhalb des Zwischenhirns, besteht aus Kleinhirn, Brücke und verlängertem Mark; ermöglicht unter anderem den raschen Informationsaustausch zwischen den beiden Gehirnhälften

Hippocampus: Teil des Zwischenhirns, hat die Form eines Seepferdchens; Zentrum des Gedächtnisses

Hypophyse: Hirnanhangdrüse, sitzt am Boden des Zwischenhirns, bildet wichtige Hormone

Hypothalamus: Hormonsteuerzentrale, die im Gehirn unterhalb des Thalamus im Zwischenhirn liegt

Interleukin-1: Botenstoff, transportiert Signale zwischen Gehirn und Immunsystem

IQ: Intelligenz-Quotient – Maßeinheit, die Auskunft über geistige Leistungskraft wie z.B. logisches Denken, räumliche Vorstellung, Sprachvermögen und Rechnen gibt

Kernspin-Tomographie: Untersuchungsmethode, bei welcher der Körper mit Magnetfeldern »durchleuchtet« wird

Limbisches System: Emotionszentrum – liegt im Zwischenhirn

Mandelkern: siehe Amygdala

Melatonin: Schlummerhormon, reguliert den Tag-Nacht-Rhythmus

Membran: Zell-Haut – schützt die Zelle, leitet Signale weiter

Mind Mapping: »Ideen-Landkarte« – hilft, Pläne zu strukturieren

Mitochondrien: Kraftwerke der Zellen

Multisensorisch: mit allen Sinnen

Neurobics: Methode des Gehirntrainings, die alle Sinne einbezieht

Neuronen: Nervenzellen

Neurotransmitter: Nervenbotenstoffe

NLP: Neurolinguistisches Programmieren – psychologische Technik zur Veränderung von Wahrnehmung und Verhalten

NMDA-Rezeptor: N-Methyl-D-Aspartat-Rezeptor – reguliert die Menge der Nervenbotenstoffe bei der Signalübertragung im Gehirn

Noradrenalin: Hormon, das Geistesblitze schenkt

Östrogene: weibliche Hormone

Oxytocin: Orgasmus-Hormon

Positronen-Emissions-Tomographie (PET): Untersuchungsmethode, welche die Gehirnfunktionen sichtbar macht

Pregnenolon: Vorstufe des Hormons Progesteron

Priming: Gedächtnissystem, das das Selbstverständliche in unserem Kopf speichert

Progesteron: weibliches Hormon, wirkt u.a. beruhigend

Proteine: Eiweiße

PSA-NCAM: »Erinnerungsmolekül« – verkettet die Nervenverbindungen, wodurch Informationen leichter fließen

Psychoneuroimmunologie: erforscht den Zusammenhang von Psyche, Nerven- und Immunsystem

Rezeptoren: Zell-Fühler, an die Reizstoffe wie etwa Neurotransmitter andocken und damit die Zelle erregen

Scheitellappen: gehören zum Großhirn; ohne sie sind weder Orientierung in der Umwelt noch Rechnen möglich

Schläfenlappen: Teil des Großhirns, unter anderem Sitz des Sprachzentrums

Serotonin: Glückshormon

STH: somatotropes Hormon = Wachstumshormon

Synapsen: Kontaktstellen, über die Nerven Informationen weiterleiten

Thalamus: das »Tor zum Bewusstsein« sitzt an der Grenze von Groß- und Zwischenhirn

Testosteron: das klassische Männerhormon

Zirbeldrüse: Hormondrüse im Gehirn, die das Schlaf regulierende Hormon Melatonin bildet

Zwischenhirn: liegt zwischen den beiden Hälften des Großhirns; Sitz lebenswichtiger Hirnareale

Adressen, die weiterhelfen

Bundesverband für
Gedächtnistraining e.V.
Geschäftsstelle:
Elisabeth und Peter Greven
Friedensweg 3
57462 Olpe
www.bv-gedaechtnistraining.de

Gesellschaft für
Gehirntraining e.V.
Postfach 1420
85555 Ebersberg
www.gfg-online.de

GGK – Gesellschaft für
Gedächtnis- und Kreativitäts-
förderung e.V.
Brunnenweg 4
88260 Argenbühl
www.ggk.de und
www.memoriade.de

Mensa in Deutschland e.V.
Geschäftsstelle:
Cirsten Novellino
St.-Georg-Straße 11
86926 Pflaumdorf
www.mensa.de
e-mail: office@mensa.de

SVGT – Schweizerischer
Verband der Gedächtnis-
trainerinnen und -trainer
Geschäftsstelle:
Marlies Türler

Kapfsteig 54
CH-8032 Zürich

ÖGT – Österreichischer
Verband für Gedächtnis-
training
Markt 378
A– 5431 Kuhl

Bücher, die weiterhelfen

Bennet, Peter: *7-Day Detox Miracle.* Prima Publishing, Roseville USA. In Deutschland nur im amerikanischen Original erhältlich über Internet.

Buzan, Tony: *Kopftraining.* Mosaik Verlag, München.

Buzan, Tony: *Memory Power.* Midena Verlag, München.

Carter, Rita: *Atlas Gehirn.* Schneekluth Verlag, München.

Chein, Dr. Edmund MD: *Zurück in die Jugend.* Herbig Verlag, München.

Dalla Via, Gudrun: *Power-nahrung fürs Gehirn.* vgs-Verlag, Köln.

Drach, Thomas: *Forever Clever.* mvg-Verlag, Landsberg.

Hamm, Prof. Dr. Michael: *Brainfood: Fitmacher für kluge Köpfe.* Mosaik Verlag München.

Holler, Johannes: *Iß Dich klüger.* Umschau Verlag, Frankfurt.

Huber, Prof. Dr. Johannes: *Länger leben, später altern.* Wilhelm Maudrich Verlag, Wien.

Pöppel, Prof. Dr. Ernst: *Grenzen des Bewusstseins.* Insel Verlag, Frankfurt am Main und Leipzig.

Schacter, Prof. Dr. Daniel: *Searching for Memory. The Brain, the Mind and the Past.* Basic Books, New York.

Schacter, Prof. Dr. Daniel: *The Seven Sins of Memory.* Houghton Mifflin (ist nur in den USA erhältlich oder über Internet).

Schacter, Prof. Dr. Daniel: *Wir sind Erinnerung.* Rowohlt Verlag, Reinbeck bei Hamburg.

Schoepfer-Happ, Liane: *Besser hören und sehen mit Qigong.* Ehrenwirth Verlag, München.

Scrivner, Jane: *Detox Your Mind.* Judy Piatkus (Publishers) Ltd. London. Nur als englische Originalausgabe über Internet.

Vester, Frederic: *Denken, Lernen, Vergessen.* dtv Verlag, München.

Bücher aus dem Gräfe und Unzer Verlag, München:

Baur, Dr. Eva Gesine und Schmid-Bode, Dr. med. Wilhelm: *Glück ist kein Zufall.*

Elmadfa, Prof. Dr. Ibrahim; Aign, Waltraute; Muskat, Prof. Dr. Erich und Fritsche, Dipl. oec. troph. Doris: *Die große GU Nährwert-Kalorien-Tabelle.*

Elmadfa, Prof. Dr. Ibrahim und Fritsche, Dipl. oec. troph. Doris: *Die große GU Vitamin- und Mineralstoff-Tabelle.*

Fervers-Schorre, Barbara: *Hormone. Neue Lebensfreude und Energie.*

Frohn, Birgit: *Anti-Aging. Länger jung – länger schön.*

Grasberger, Dr. med. Delia: *Autogenes Training.*

Grillparzer, Marion: *Fatburner. So einfach schmilzt das Fett weg.*

Herzog, Dagmar: *Die Kraft der Emotionen.*

Heufelder, Prof. Dr. med. Armin und Bieger, Priv. Doz. Dr. med. Wilfried: *Das Anti-Aging-Konzept. Erfolgreiche Strategien zum Jungbleiben.*

Johnen, Wilhelm: *Muskelentspannung nach Jacobson.*

Klitschko, Vitali und Wladimir: *Unser Fitnessbuch.*

Kolb, Klaus und Miltner, Frank: *Gedächtnistraining.*

Kolb, Klaus und Miltner, Frank: *Fit im Kopf.*

Lockstein, Carolin und Faust, Susanne: *Chill out. Relaxing and refreshing.*

Lockstein, Carolin und Faust, Susanne: *Relax!*

Rüdiger, Margit: *Power-Walking.*

Meyer, Ernst-Albert: *Mineralstoff- und Vitaminpräparate.*

Schonert-Hirz, Dr. med. Sabine: *Energy.*

Seiwert, Lothar: *Das Bumerang-Prinzip. Lebenskunst zwischen Muss und Muße*

Strunz, Dr. med. Ulrich: *forever young. Das Erfolgsprogramm.*

Strunz, Dr. med. Ulrich: *forever young. Das Ernährungsprogramm.*

Strunz, Dr. med. Ulrich: *forever young. Das Fitness-ABC.*

Strunz, Dr. med. Ulrich: *forever young. Das Leicht-Lauf-Programm.*

Strunz, Dr. med. Ulrich: *forever young. Topfit mit Vitaminen.*

Trökes, Anna: *Das große Yoga Buch.*

Trökes, Anna: *Yoga. Mehr Energie und Ruhe.*

Sachregister

Das Original mit Garantie

Ihre Meinung ist uns wichtig.
Deshalb möchten wir Ihre Kritik, gerne aber auch Ihr Lob erfahren. Um als führender Ratgeberverlag für Sie noch besser zu werden. Darum: Schreiben Sie uns! Wir freuen uns auf Ihre Post und wünschen Ihnen viel Spaß mit Ihrem GU-Ratgeber.

Unsere Garantie: Sollte ein GU-Ratgeber einmal einen Fehler enthalten, schicken Sie uns das Buch mit einem kleinen Hinweis und der Quittung innerhalb von sechs Monaten nach dem Kauf zurück. Wir tauschen Ihnen den GU-Ratgeber gegen einen anderen zum gleichen oder ähnlichen Thema um.

Ihr Gräfe und Unzer Verlag
Redaktion Gesundheit
Postfach 86 03 25
81630 München
Fax: 089/4 19 81-113
e-mail: leserservice@
graefe-und-unzer.de

Impressum

© 2002 Gräfe und Unzer Verlag GmbH, München
Alle Rechte vorbehalten. Nachdruck, auch auszugsweise, sowie Verbreitung durch Film, Funk, Fernsehen und Internet, durch fotomechanische Wiedergabe, Tonträger und Datenverarbeitungssysteme jeder Art nur mit schriftlicher Genehmigung des Verlages.

Redaktionsleitung
Doris Birk
Redaktion
Barbara Fellenberg
Lektorat
Barbara von Wirth
Bildredaktion
Lotta Goetzeler

Illustrationen
Detlef Seidensticker, München
Fotos
Action Press Seite 44
Agentur Focus Seite 6/7, 14 (u.)
Associated Press Seite 42, 60
Corbis Stock Market Seite 27, 46, 58, 65
Gettyimages/Stone Seite 40/41, 70
GU-Archiv Seite 35, 97, hintere Umschlagseite (A. Hosch)
IFA-Bilderteam Seite 86
Jump Seite 31, 36, 69, 75, 80/81, 88, 96, 99-103, 106, 108, 111, 115, 117, 119

Mauritius Seite 10, 17, 39, 51, 77, 78, 93, 112, 113, 120
Alfred Pasieka Seite 8, 14 (2. Bild u.)
Photonica Seite 21, 76, 90, 92
Premium Seite 29, 32, 71, 72, 73, 109
Stock Food Seite 22
Superbild Seite 14 (2 Bilder o.), 55
The Stock Market Seite 4, 57, 104
Zefa Seite 25, 38, 67, 82, 84, vordere Umschlagseite

Umschlaggestaltung
independent Medien-Design
Innenlayout
Heinz Kraxenberger
Herstellung
Petra Roth
Satz
Barbara von Wirth, München
Lithos
Repro Ludwig, Zell am See
Druck
Appl, Wemding
Bindung
Sellier, Freising

ISBN: 3-7742-5516-4

Auflage	4.	3.	2.
Jahr	05	04	03

Wichtiger Hinweis

GRÄFE UND UNZER

Ein Unternehmen der
GANSKE VERLAGSGRUPPE

Umwelthinweis
Dieses Buch wurde auf chlorfrei gebleichtem Papier gedruckt. Um Rohstoffe zu sparen, haben wir auf Folienverpackung verzichtet.